私、切るだけ！
鍋でホットクだけ！

忙しい人のホットクックレシピ

阪下千恵

はじめに

ホットクックは毎日続くごはんの、心強い味方!!

我が家にホットクックが来て、一番変わったことは、夫や娘の料理のハードルがぐっと下がったことです。材料を切って、調味料とともにホットクックに入れるだけ、というシンプルな操作で、誰でもおいしくできちゃう! 完成したときの、「すごく上手にできた」という喜びが、作る原動力になるようです。

この本の**part 1**では、時間があるときに、材料を切って調味料と一緒に冷凍ストックしておける「**冷凍ミールキット**」をたくさん紹介しています。もちろん、凍らせずに直接鍋に入れてすぐに作っても大丈夫。自家製ミールキットは、経済的で、しかも作っておけば、鍋に入れてスイッチを押すだけ! と、ホットクックとの相性もバッチリ。ガスや包丁を使わないので、お留守番しているご家族に調理を任せることもできるし、疲れてなんにもしたくない日にも、できたての味わいが楽しめます。

part3 のホットケーキミックスを使ったおやつは、型も不要、温度調節不要、混ぜるだけの手軽なものばかりなので、お菓子作り初心者さんでも失敗なく安心して作れます。

ホットクックの良さは、「完璧なおいしさを求める」というより、とにかく「**加熱中に手が完全に離れる**」こと、「**誰が作ってもおいしくできる**」ことです。

part2 でご紹介しているめんや炒めものは、もちろん鍋やフライパンでもかんたんにできますが、ホットクックで作ると、コンロは汚れないし、調理中は手が空くし、「**こんなに手軽なんだ!**」と感激しました。今では忙しい日のお昼ごはんなどに大活躍しています。

皆様のホットクックライフのヒントに、本書が少しでもお役に立てば嬉しいです。

阪下千恵

contents

part 1
素材別で使いやすい！
自家製 冷凍ミールキット

1.0ℓのホットクックに対応

同時に2品完成！ミニホットクックでラクうまごはん

part 2

下ごしらえがラク！手間なし！ささっとごはん

ワンディッシュ

かんたんおかず

スープ＆汁もの

part 3

型いらず！混ぜるだけ！ホットケーキミックスでかんたんおやつ

忙しい人こそ、使ってほしい！
ホットクックの魅力を大公開！

自動調理鍋のホットクックは、一度使ったら手放せなくなる魔法の鍋。
仕事や家事で忙しくて時間がない、疲れてなんにも作りたくない人のために、
ホットクックの魅力やメリットをご紹介します。

1 操作がかんたん！
スイッチを押すだけ！

下ごしらえを終えた材料を内鍋に入れたら、あとは調理キーを押すだけ！ お料理初心者さんはもちろん、火の扱いが心配なお子さん、シニア世代の方でも安心です。

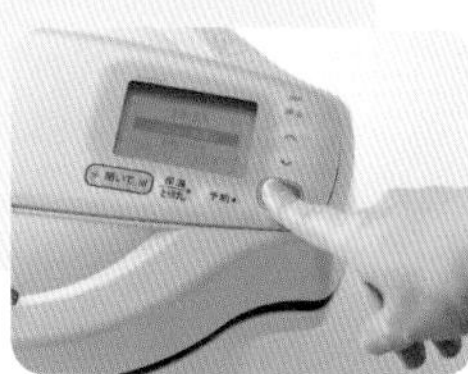

2 火加減の調節がいらない！
ほったらかしでOK！

火加減を自動で調節してくれるので、コンロ調理のようにつきっきりでそばにいる必要なし！ ほったらかしでもプロの味が再現できるうえ、ほかの家事がはかどり、心に余裕が生まれます。

3 混ぜるのも実は得意！

まぜ技ユニットをつければ、絶妙なタイミングで食材をかき混ぜてくれます。味にムラがなくなり、煮物や炒め物、スープ・汁ものまでおいしく仕上げてくれる魔法の鍋です。

4 途中で味の確認ができて安心！

調理中でも一時停止のボタンを押せば、ふたをあけて鍋の状態を確認できるという、ありそうでなかった便利な機能を搭載！
＊あけるときは湯気が熱いので気をつけましょう。

5 自動調理メニューキーで料理のレパートリーが増える！

例えば、さばのみそ煮が作りたいときは、「さばのみそ煮」キーを押すだけ！ しかもその同じキーで材料と調味料を替えれば、「えびマヨ」や「ジャーマンポテト」が作れるので、料理のレパートリーがどんどん増えます。

詳しくはp7へGO!

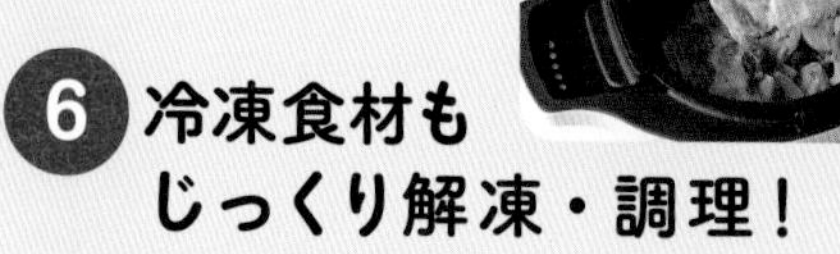

6 冷凍食材もじっくり解凍・調理！

冷凍食材も解凍しながらじっくり火を通し、できたての最高の状態にしてくれるのがホットクックのいいところ。本書ではまとめて作っておける、絶品の冷凍ミールキットレシピをたっぷり紹介しています。

詳しくはp10へGO!

自動調理メニューを使いこなす！

ホットクックには「自動調理メニューキー」があらかじめ、たくさん登録されています。
なかでもここでご紹介する４つのキーは、20〜30 分でいろいろな料理が作れるので、
毎日のごはんの支度がグッとラクになります。

自動調理メニューキー	代表的な料理	同じキーで作れるレシピ
●混ぜずに煮る・炒める さばみそ煮キー 〈20分〉	➡p18 ささみの和風サラダチキン 	➡p16 親子丼のもと ➡p33 ミートボールの甘酢あん ➡p34 厚揚げのひき肉はさみ煮 ➡p39 鮭のケチャップソース炒め ➡p39 かじきとピーマンの焼き肉のたれ炒め ➡p42 ぶりのカレー風味炒め ➡p44 えびマヨ ➡p45 えびとマッシュルームのアヒージョ ➡p46 あじのサンガ焼き風 ➡p72 ジャーマンポテト
●しっかり混ぜて煮る・炒める 回鍋肉キー 〈20分〉まぜ技ユニット	➡p31 牛こまのサテ風炒め 	➡p15 鶏肉とズッキーニのコンソメマヨソテー ➡p29 チャプチェ風野菜炒め ➡p57 きのこのめんつゆマヨソテー ➡p70 ミックスベジタブルとひき肉のスピードカレー ➡p76 きのこのガーリックソテー
●混ぜずに少し長めに煮る 白菜と 豚バラの重ね煮キー 〈30分〉	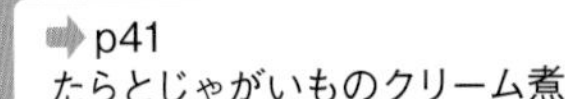 ➡p41 たらとじゃがいものクリーム煮 	➡p21 いんげんとにんじんの肉巻き ➡p21 エリンギの牛肉巻きケチャップソース ➡p24 豚バラと薄切り大根のミルフィーユ煮 ➡p25 豚しゃぶ塩麹&野菜のごまだれあえ ➡p36 板ひき肉とかぼちゃのトマト煮 ➡p43 かじきのピザ風蒸し
●適度に混ぜて煮る 野菜スープキー 〈25分〉	 ➡p80 セロリと桜えびの豆乳スープ 	➡p51 キャベツとソーセージのザワークラウト風 ➡p81 ウインナーのトマトクリームスープ ➡p81 玉ねぎのオニグラ風スープ ➡p82 ブロッコリーとアボカドのクリームスープ ➡p82 にんじんと溶けるチーズのスープ

ホットクックの機種について

ホットクックには現在、大きく分けて下記の３種類があります。
容量の差など機種によってできることが変わるので、ご自身の用途に合わせて選んでください。

KN-HW16 F
容量：1.6L
２〜４人用。本書でメインに使用したホットクック。幅広い年齢層のご家族にマッチする大きさです。家事の時短に大活躍。

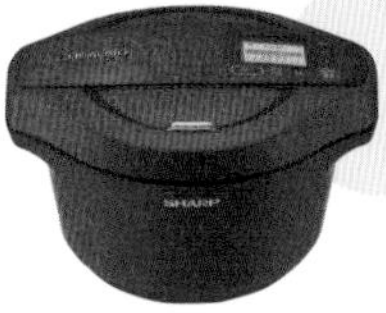

KN-HW24F
容量：2.4L
２〜６人用。大人数のご家族や作りおきを作っておきたい人には最適の大きさ。

KN-HW10E
容量：1.0L
１〜２人用。コンパクトでもちゃんとかき混ぜ機能搭載。蒸しトレイをセットすれば、上下２段調理が可能です。

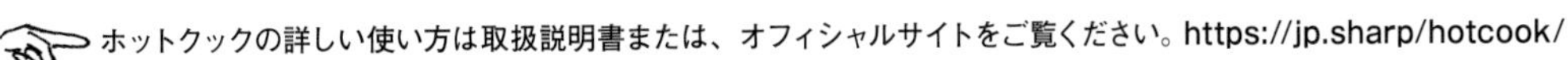

ホットクックの詳しい使い方は取扱説明書または、オフィシャルサイトをご覧ください。https://jp.sharp/hotcook/

【本書の使い方】

鶏肉とズッキーニのコンソメマヨソテー

淡泊な鶏むね肉がおなじみの調味料でパンチのきいた絶品おかずに！

ミールキットの作り方

材料［4人分］
鶏むね肉…1枚
ズッキーニ…1本
薄力粉…大さじ1½
A しょうゆ、マヨネーズ …各大さじ1
A オリーブ油、顆粒コンソメスープの素 …各小さじ1
A にんにく(すりおろし)…小さじ1

1 ズッキーニは8㎜厚さの輪切りにし、チャック付き保存袋に入れて袋をとじ、冷凍する。
2 鶏肉は皮を除いて3×5cm程度のそぎ切りにし、薄力粉をまぶす。1とは別のチャック付き保存袋にAを入れてもみ混ぜる。肉を加えてなじませ、できるだけ重ならないように入れて袋をとじ、冷凍する。

冷凍保存 約1カ月

HOT COOKで、調理するとき まぜ技ユニット

・内鍋に袋ごと軽く流水で溶かした2、凍ったままの1を順に軽くほぐしながら袋から取り出して入れる。まぜ技ユニットをセットする。

HW16F/HW16E
自動調理メニュー➡カテゴリー➡煮物➡肉➡「回鍋肉」(20分)で加熱する。

HT24B(2.4ℓ)	自動➡煮物2-13
HT99B／HT16E(1.6ℓ)	自動➡煮物2-13
HT99A(1.6ℓ)	自動➡煮物1-20

失敗しないコツ
肉は軽く流水で溶かしてから内鍋に入れると火の通りが均一になり、加熱ムラが防げます。

15

本書で使用している自動調理メニューの設定キーは、「KN-HW16F ／KN-HW16E（容量1.6ℓ／2～4人用）」**が基準**で、音声ガイド機能、無線LANで新しいレシピが検索追加できるモデルですが、掲載レシピは旧機種の1.6ℓタイプ、2.4ℓタイプのホットクックでも作ることができます*。2.4ℓタイプの場合は、そのまま、または1.5倍まで分量を増やし、水分量については様子をみて加減してください。

また、**P58～60のレシピは、**「KN-HW10E（容量1.0ℓ／1～2人用）」**で作る**レシピになります。

＊食材の水分量や種類の違いなどで、機種により仕上がりが異なる場合があります。

冷凍ミールキット

下ごしらえした材料を調味料と一緒にチャック付き保存袋に入れて冷凍します。**保存期間は冷凍で約2週間～1カ月**ですが、季節やご家庭の保存方法によって異なりますので、目安にしてください。

対応表

ホットクックの機種ごとの設定キーを記載しています。お手持ちのホットクックの機種に合わせて使用してください。具体的なメニュー名が表示される機種については、初期画面から表の手順でメニュー名を選びます。数字で設定されている機種につきましては、該当機種の操作方法に従い入力してください。調理時間はおおよその目安です。食材の分量や温度によって変わります。

自動調理メニューの手順

「KN-HW16F ／ KN-HW16E」で、どの自動調理メニューを使うかを表記しています。加熱途中や加熱途中に停電や不注意で電源が切れてしまっても、10分以内に電力が戻れば、引き続き加熱を行います。10分以上経過してしまうと調理を終了し、復旧後に停電があったことをエラー表示でお知らせします。

まぜ技ユニット

このアイコンがあるレシピは、ホットクックにまぜ技ユニットを装着してから調理してください。

蒸しトレイ　蒸し板

このアイコンがあるレシピは、ホットクックに蒸しトレイまたは蒸し板を装着してから調理してください。

これでワンランクアップ！　**失敗しないコツ**　**ワンポイント**
ホットクックでおいしく作るコツやポイント、代替食材のアドバイスなどをご紹介しています。

本書のきまり
- 大さじ1＝15㎖、小さじ1＝5㎖、1カップは200㎖です。
- 調味料は特に記載がない場合は、しょうゆは濃口しょうゆ、塩は自然塩、砂糖は上白糖、酒は日本酒、みりんは本みりん、酢は米酢（または穀物酢）、みそはお好みのみそ、オリーブ油はエクストラバージンオイル、バターは有塩バター、生クリームは動物性で乳脂肪分42％以上のものを使用しています。
- だし汁は削り節や煮干しなどでとったものを使用しています。手軽な「だしパック」や「顆粒だし」を使用してもOKです。お好みのものを使用ください。
- 自動調理メニューで表示している調理時間は標準時間ですが、本書では食材の種類や量、初期温度を変更しているため、表示時間通りではない場合があります。また手動メニューでは鍋内の温度が一定になってからの加熱時間を設定します。

【お手入れの仕方】

POINT 月に1回程度、定期的にクエン酸でお手入れする日を作るのがおすすめ！

Q 使ったあと、洗う方法は？

A 台所用合成洗剤（中性）をスポンジに含ませて洗います。十分にすすいで水けをしっかりふきとって乾燥させます。内鍋以外は食器洗い乾燥機*を使用できます。
＊ご使用の機種の取扱説明書をよくお読みになってからご使用ください。

Q こびりついた汚れを落とすには？

A ステンレス鍋の場合、「お手入れモード」*で洗浄します。内鍋の水位MAXの線まで水を入れ、1カップ弱の重曹を加えて「お手入れモード」を選択します。終了後、そのまま数時間放置し、やわらかいスポンジで洗いよくすすぎます。
＊無線LAN対応の機種の場合。その他の機種は取扱説明書をご覧ください。

Q 内鍋のさびや虹色・白い染みの汚れを落とすには？

A ステンレス鍋の場合、大さじ1の水に小さじ1程度のクエン酸*を溶かし（さびの場合はここに少量の塩を加える）やわらかいスポンジに含ませてこすってください。
＊クエン酸は、薬局などで市販されているクエン酸（無添加、または99.5％以上）をお使いください。

Q 内鍋のにおいを取るには？

A 内鍋に600㎖の水を入れ（まぜ技ユニットや蒸しトレイを一緒に加熱する場合は、それらが浸かる程度）、レモン1個を8等分に切って加え、「手動→蒸す」で30分加熱してください。

 Q&Aについてもっと詳しい情報は、オフィシャルサイトをご覧ください。https://jp.sharp/support/

part 1

素材別で使いやすい！

自家製冷凍ミールキット

材料を切って調味料と一緒に
チャック付き保存袋に入れて冷凍保存する
自家製ミールキット！
このミールキットとホットクックがあれば、
ごはん作りがグッとラクになります。
本書では**肉、魚介、**
野菜・豆製品・乾物といった
素材別でご紹介していますので、
作りたいものを決めて買物をすれば、
食材のムダも減らせます。
早速、作ってみましょう！

冷凍の場合、キーの表示時間より時間がかかります。また加熱不足がある場合は、加熱延長で様子をみてください。

冷凍ミールキットはホットクックと相性抜群です!!

冷凍ミールキットは、肉や野菜などを切って生の状態で
チャック付き保存袋に入れて冷凍保存したもの。
食べたいときに袋から凍ったままの食材を取り出してホットクックに入れ、
あとは自動調理メニューのスイッチを押すだけ！
火加減を自動で調節しながら、解凍から調理まで対応してくれます。
冷蔵保存だとダメにしがちな食材も、冷凍すればおいしさ長持ち！
保存状態によって劣化したり、味が落ちることもあるので、
長期保存と考えず、まずは 2 週間で食べきれる量の
ミールキットを作ることから始めてみましょう。

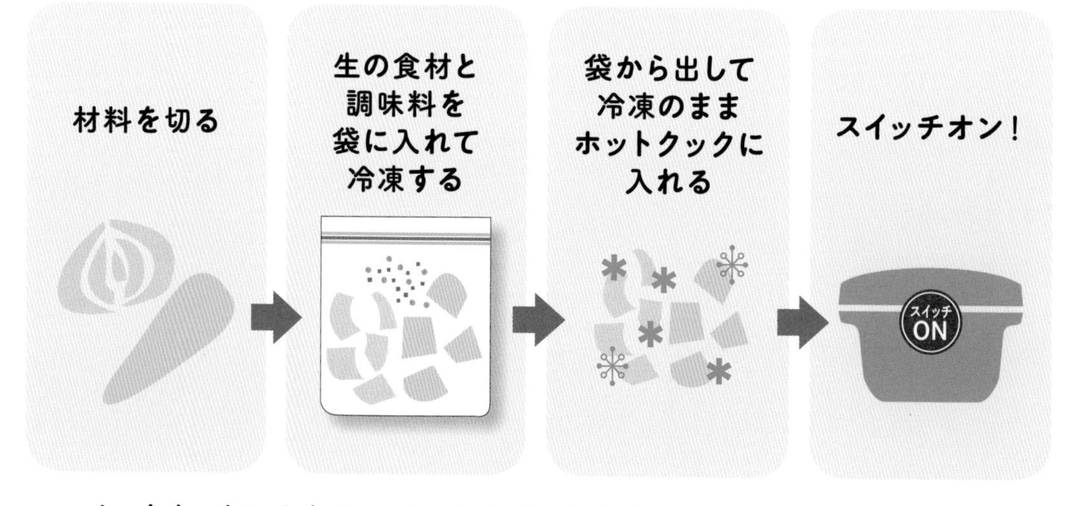

ホットクックで冷凍ミールキットを使いこなすコツ！

1. ミールキットは凍ることで“カサ”が増して、ホットクックに入れづらいときがあります。その場合は無理をせず入る分だけ内鍋に入れて加熱してください。加熱を少しすると具材が溶けて“カサ”が減ってくるので、ふたをあけて残りの具材を加えて調理を続けてください。

2. 基本は自動で調理時間を調整してくれるので、冷凍でもそのままでも同じようにしても OK です。ただし、食材の凍った大きさによって火の通りに差が出ることがあるので、必ず加熱後に中まで火が通っているか確認してください。生の部分があるときは、「加熱延長」で様子をみてください。特にかたまり肉やシュウマイなどアルミホイルを使ってまるごと冷凍するレシピは溶けづらいです。

P.12の「鶏肉ときのこのクリーム煮」で使って、ミールキットの作り方をマスターしましょう！

冷凍ミールキットの作り方

1 材料を切る

材料はレシピに記載されている通りに切る。

ポイント

火が通りづらくなったり、水っぽくなったしないよう、指示通りの大きさに切ること。

本書では材料に対して大きめのチャック付き保存袋を使い分けています。また、レシピによっては焦げつき防止のためにくっつかないタイプのアルミホイルを使用しています。

2 野菜を詰める

チャック付き保存袋に野菜を入れたら、余分な空気を押し出すようにして抜き、密閉する。

3 肉を詰め、調味する

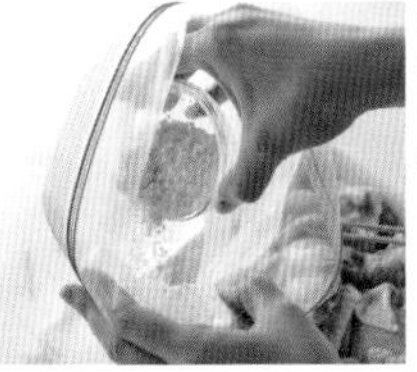

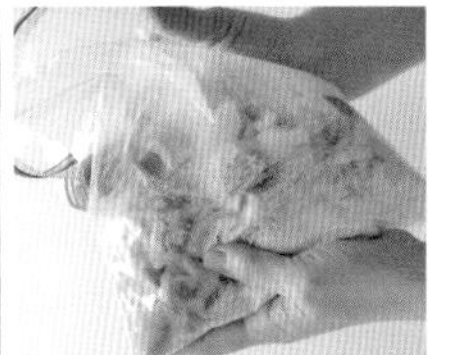

❶ 別のチャック付き保存袋に肉を詰める。薄力粉をまぶす場合は、先に袋に入れて肉を加えて袋の中でまぶす。

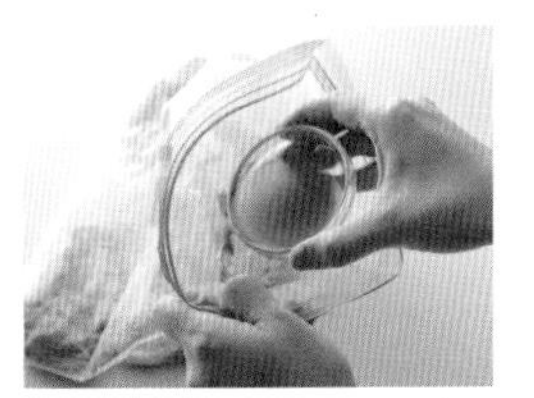

❷ 顆粒コンソメスープの素は、白ワインで溶かしてから加えるとよい。

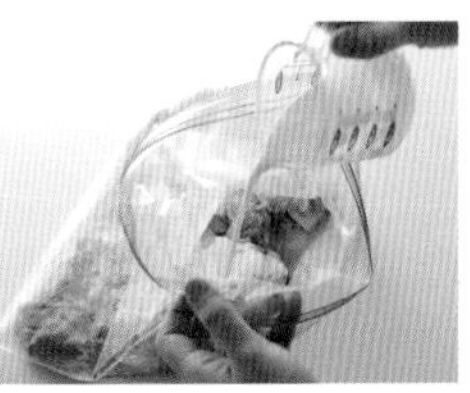

❸ 最後に生クリーム、バターを加える。

4 袋の空気を抜き、密閉する

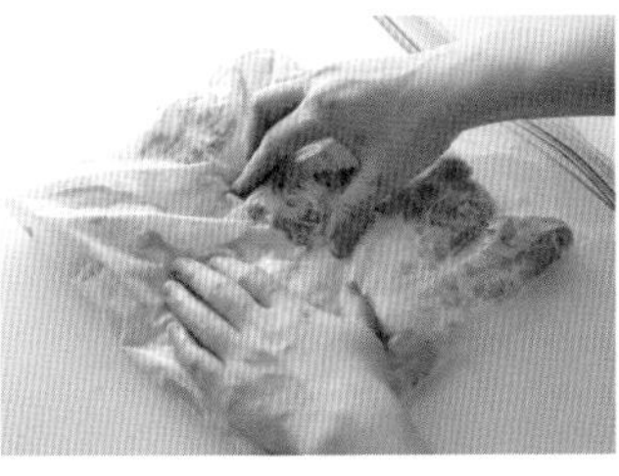

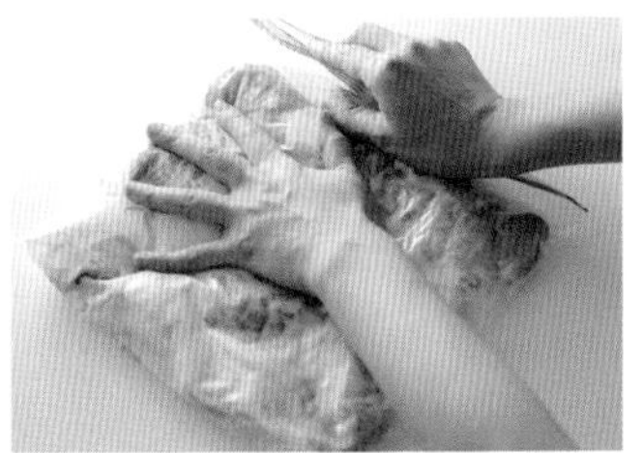

全体に調味料がなじんだら、材料がなるべく重ならないように平らに広げる。特に大きめに切った肉はかたまって凍ってしまうと解凍しづらいので、少し間隔をあけるとよい。野菜の袋と同様に余分な空気を押し出すようにして抜き、密閉する。

自家製
冷凍ミールキットが
完成！

冷凍庫で保存する。保存の目安は約2週間〜1カ月。できるだけ早めに使いきりましょう。

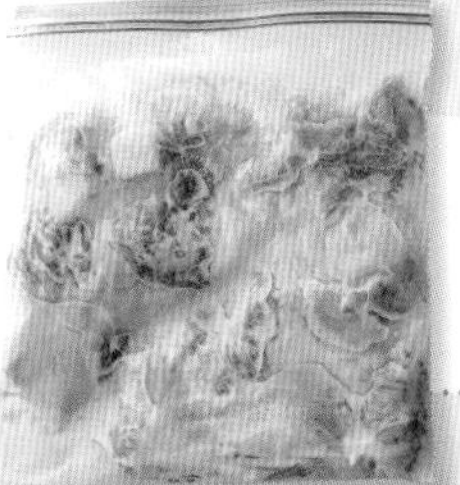

このミールキットはどのレシピも凍らせず、ホットクックですぐに調理してもOK！

調理は次のページへ GO!

鶏肉ときのこのクリーム煮

冷凍するとうまみが増すきのこがどっさり！ クリーム味なのにごはんにも合います！

ミールキットの作り方

材料 4人分

- 鶏もも肉…2枚
- エリンギ…3本
- マッシュルーム…4〜5個
- しめじ…½パック
- 玉ねぎ…⅓個
- 塩…小さじ½
- こしょう…少々
- 薄力粉…大さじ2
- A
  - 白ワイン(または酒)…大さじ1
  - 顆粒コンソメスープの素…小さじ1
- 生クリーム(または牛乳)…¼カップ
- バター…10g

1 きのこは石づきを取り、マッシュルームは半分に切り、しめじは小房に分けてほぐす。エリンギは縦4〜6等分に切る。玉ねぎは1cm厚さの薄切りにする。チャック付き保存袋にきのこを合わせて入れ、その上に玉ねぎを加えて袋をとじ、冷凍する。

2 鶏肉は5cm角に切る。1とは別のチャック付き保存袋に入れ、塩、こしょう、薄力粉をまぶす。混ぜ合わせたAを入れ、生クリーム、バターを加えて袋をとじ、冷凍する。

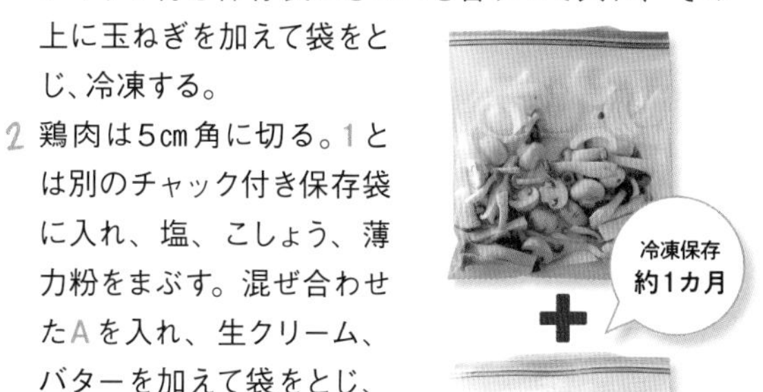

HOT COOKで、調理するとき

1 流水で少し溶かす

冷凍庫からミールキットを取り出し、鶏肉のミールキットを袋ごと流水につけて少し溶かす。

大きめに切った肉は、少し解凍しておくと袋から出しやすくなります。

2 内鍋に入れる

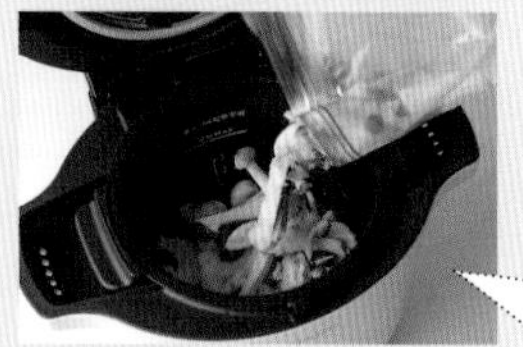

野菜のミールキットは解凍せずに軽くほぐし、袋からきのこと玉ねぎを取り出してそのまま内鍋に入れる。

野菜は解凍してしまうと仕上がりが水っぽくなるので、基本、冷凍のままでOK！

❶の袋の外側についている水分をふき取り、鶏肉を軽くほぐし、袋から取り出してそのまま内鍋に入れる。

内鍋からあふれそうなときは、トングやへらなど軽く押し込むようにしてならす。まぜ技ユニットをセットする。

ふたをしたときにまぜ技ユニットが当たり、食材が入りきらない場合は、適量を入れてから少し加熱し、カサが減ったところで残りを加えるとよい。

3 スイッチオン！ まぜ技ユニット

スイッチON HW16F／HW16E
自動調理メニュー ➡ カテゴリー ➡ カレー・シチュー ➡「ビーフカレー」(45分)で加熱する。

- 器に盛り、お好みでイタリアンパセリを添える。

HT24B (2.4ℓ)	自動 ➡ カレー・スープ1-2
HT99B／HT16E (1.6ℓ)	自動 ➡ カレー・スープ1-2
HT99A (1.6ℓ)	自動 ➡ 煮物 1-15

ワンポイント 鍋に玉ねぎときのこを先に入れてから鶏肉を加えてください。野菜の水分で焦げつきにくくなり、しっとり仕上がります。

なんにも作りたくないときでも
冷凍ミールキットさえあれば
あとはホットクックに入れて
スイッチオン！
おかわりしたくなる、
とびきりのおいしさです♡

鶏肉のチャーシュー

驚くほどやわらかくてジューシー！切るときは少し冷めてから切るとラクです。

ミールキットの作り方

材料 4人分

鶏もも肉…2枚

A
- オイスターソース…大さじ2½
- しょうゆ…大さじ1⅓
- 酒…大さじ1
- 砂糖…大さじ½
- にんにく(すりおろし)…小さじ½
- ごま油、鶏がらスープの素…各小さじ½

後入れ 水…½カップ

1 鶏肉は皮目が外側にくるようにくるくると丸め、たこ糸でしばるか、爪楊枝で留める。

2 チャック付き保存袋にAを入れてよくもみ混ぜ、1を加えて袋をとじ、冷凍する。

冷凍保存 約1カ月

HOT COOKで、調理するとき

- 内鍋に凍ったままの2を袋から取り出して入れ、水を加える。

スイッチON HW16F/HW16E
自動調理メニュー➡カテゴリー➡煮物➡肉➡「豚の角煮」(1時間35分)で加熱する。

HT24B (2.4ℓ)	自動➡煮物2-7
HT99B／HT16E (1.6ℓ)	自動➡煮物2-7
HT99A (1.6ℓ)	手動➡煮物1-2(まぜない)80分

- たこ糸や爪楊枝を取り、食べやすい大きさに切り分けて器に盛る。
- 煮汁をかけ、お好みでサニーレタスを添える。

これでワンランクアップ！ 煮汁は加熱延長して少し煮つめるとこっくりした味わいになります。

鶏肉とズッキーニのコンソメマヨソテー

淡泊な鶏むね肉がおなじみの調味料でパンチのきいた絶品おかずに！

ミールキットの作り方

材料（4人分）

鶏むね肉…1枚
ズッキーニ…1本
薄力粉…大さじ1½
A
- しょうゆ、マヨネーズ…各大さじ1
- オリーブ油、顆粒コンソメスープの素…各小さじ1
- にんにく（すりおろし）…小さじ1

1 ズッキーニは8㎜厚さの輪切りにし、チャック付き保存袋に入れて袋をとじ、冷凍する。

2 鶏肉は皮を除いて3×5㎝程度のそぎ切りにし、薄力粉をまぶす。1とは別のチャック付き保存袋にAを入れてもみ混ぜる。肉を加えてなじませ、できるだけ重ならないように入れて袋をとじ、冷凍する。

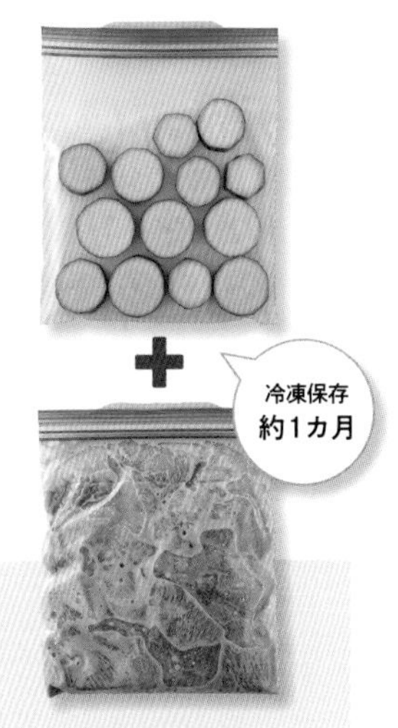

HOT COOKで、調理するとき　まぜ技ユニット

- 内鍋に袋ごと軽く流水で溶かした2、凍ったままの1を順に軽くほぐしながら袋から取り出して入れる。まぜ技ユニットをセットする。

スイッチON HW16F/HW16E
自動調理メニュー➡カテゴリー➡煮物➡肉➡「回鍋肉」（20分）で加熱する。

HT24B (2.4ℓ)	自動➡煮物2-13
HT99B／HT16E (1.6ℓ)	自動➡煮物2-13
HT99A (1.6ℓ)	自動➡煮物1-20

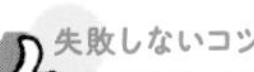

失敗しないコツ
肉は軽く流水で溶かしてから内鍋に入れると火の通りが均一になり、加熱ムラが防げます。

親子丼のもと

なんにも作りたくないとき、おなかを満たしてくれるボリューム満点メニュー。

冷凍保存
約1カ月

ミールキットの作り方

材料（4人分）

鶏もも肉…1枚
玉ねぎ…小1個
A
- 酒、しょうゆ、みりん…各大さじ3
- 砂糖…大さじ1
- 顆粒和風だしの素…小さじ1

後入れ 卵…4個

1. 鶏肉は皮を除いて2〜3㎝角に切る。玉ねぎは薄切りにする。
2. チャック付き保存袋にAを入れてもみ混ぜる。1を加え、できるだけ平らにして袋をとじ、冷凍する。

HOT COOKで、調理するとき

- 内鍋に袋ごと流水で溶かした2を、軽くほぐしながら袋から取り出して入れる。

HT24B（2.4ℓ）	自動➡煮物2-10
HT99B／HT16E（1.6ℓ）	自動➡煮物2-10
HT99A（1.6ℓ）	自動➡煮物1-9

スイッチON HW16F/HW16E
自動調理メニュー➡カテゴリー➡煮物➡魚介➡「さばのみそ煮」（20分）で加熱する。

- 加熱終了後、肉に火が通っているか確認し、溶きほぐした卵を回し入れて、加熱延長「5分」で火を通す。
- 器にお好みでごはん（分量外）と一緒に盛り、三つ葉を添える。

失敗しないコツ
卵が生っぽいときは、加熱延長またはふたをしたまま数分蒸らしてください。

鶏肉のタンドリーチキン風

特別な調味料を使わなくても本格的な味わいに！ごはんにもパンにも合います。

ミールキットの作り方

材料 4人分

鶏もも肉… 2枚
薄力粉… 大さじ½

A
- プレーンヨーグルト… 大さじ3
- カレー粉、トマトケチャップ… 各小さじ2
- 塩… 小さじ⅓
- にんにく、しょうが(どちらもすりおろし) … 各小さじ1

後入れ サラダ油… 適量

1 鶏肉は1枚を3～4等分と大きめに切り、薄力粉をまぶす(小さく切ると煮崩れてしまうので注意)。

2 チャック付き保存袋にAを入れてよく混ぜ、1を加えてしっかりもんでなじませる。肉同士が重ならないよう、できるだけ平らにして袋をとじ、冷凍する。

HOT COOKで、調理するとき まぜ技ユニット

- 内鍋にサラダ油を塗り、2をほぐしながら袋から取り出して入れる。まぜ技ユニットをセットする。

スイッチON HW16F/HW16E
自動調理メニュー➡カテゴリー➡煮物 ➡肉
➡「手羽元のタンドリー煮」(1時間) で加熱する。

- 加熱終了後、10分ほどおいて味をなじませる。
- 器に盛り、お好みでサラダ菜を添える。

HT24B (2.4ℓ)	手動 ➡ 煮物 2-1 (50分)
HT99B／HT16E (1.6ℓ)	自動 ➡ 煮物 2-8
HT99A (1.6ℓ)	手動 ➡ 煮物 1-1 (50分)

失敗しないコツ
鶏肉全体に味がしっかりと行き渡るように、袋の中で調味液をしっかりとなじませてください。

ささみの和風サラダチキン

そのままでもバンバンジーにもぴったり！ごまだれなどをかけてもおいしい。

ミールキットの作り方

材料（4人分）

鶏ささみ… 6本
しょうが(薄切り)… 2枚
A 酒… 大さじ2
A 顆粒和風だしの素… 小さじ1
A 塩、しょうゆ… 各小さじ½
後入れ 水… ¾カップ

1 鶏ささみは筋を取り除く（食べる時に除く場合は取らなくてもOK）。

2 チャック付き保存袋にAを入れて混ぜ、1、しょうがを加えて全体に調味液を行き渡らせるようにして袋をとじ、冷凍する。

冷凍保存 約1カ月

HOT COOKで、調理するとき

- 内鍋に凍ったままの2を袋から取り出し、できるだけ重ならないよう並べる。
  水を加えてオーブンシートをのせて落としぶたをする。
  ＊ステンレス鍋の場合、焦げつきやすいので内鍋の底に長ねぎの薄切りを少し敷く。

スイッチON HW16F/HW16E
自動調理メニュー ➡ カテゴリー ➡ 煮物 ➡ 魚介
➡「さばのみそ煮」(20分)で加熱する。

HT24B (2.4ℓ)	自動 ➡ 煮物 2-10
HT99B／HT16E (1.6ℓ)	自動 ➡ 煮物 2-10
HT99A (1.6ℓ)	自動 ➡ 煮物 1-9

- 食べやすい大きさに切り、ベビーリーフなどのお好みの野菜、わさびマヨネーズ（マヨネーズ大さじ2・練りわさび小さじ½）を添える。

骨付き鶏のマスタード＆ビネガー煮

失敗なく、ホロホロにやわらかく煮えるのはホットクックならではの技！

ミールキットの作り方

材料 4人分

鶏手羽元… 8本
じゃがいも… 2個
玉ねぎ… ¼個
塩… 小さじ½
こしょう… 少々
薄力粉… 大さじ1
A
白ワインビネガー（または酢）… 大さじ3
白ワイン（または酒）、粒マスタード
… 各大さじ1

1 鶏手羽元に塩、こしょう、薄力粉をまぶす。じゃがいもは皮をむいて2〜4等分と大きめに切り、さっと水にさらして水けをふく。玉ねぎは薄切りにする。

2 チャック付き保存袋にAを入れて混ぜ、1の鶏手羽元を加えてなじませる。その上に玉ねぎ、じゃがいもを入れて袋をとじ、冷凍する。

冷凍保存
約1カ月

HOT COOKで、調理するとき　まぜ技ユニット

- 内鍋に2をほぐしながら袋から取り出してじゃがいもが上になるように入れ、まぜ技ユニットをセットする。

スイッチON
HW16F/HW16E
自動調理メニュー ➡ カテゴリー ➡ 煮物 ➡ 肉 ➡「手羽元のタンドリー煮」（1時間）で加熱する。

HT24B（2.4ℓ）	手動 ➡ 煮物 2-1（50分）
HT99B／HT16E（1.6ℓ）	自動 ➡ 煮物 2-8
HT99A（1.6ℓ）	手動 ➡ 煮物 1-1（50分）

失敗しないコツ
じゃがいもは小さいと煮崩れやすいので大きめに切って。見た目もよくなります。

かんたんに作れて
食べやすさが人気の肉巻き！
ホットクックで調理すれば
肉はかたくならず、
野菜のほどよい
歯ごたえが残っておいしい！

いんげんとにんじんの肉巻き

コクのあるみそ味が新鮮！晩ごはんはもちろん、お弁当にもおすすめです。

ミールキットの作り方

材料 4人分

豚ロース薄切り肉… 12枚(300g)
さやいんげん… 12本
にんじん… ½本
薄力粉… 大さじ1

A
- 酒、水… 各大さじ2
- みそ… 大さじ1・½
- みりん… 大さじ1
- しょうゆ、砂糖… 各小さじ1
- しょうが(すりおろし)… 小さじ1

1 にんじんは5cm長さ(豚肉の幅よりやや長め)の細切りにし、さやいんげんは長さを2〜3等分に切る。豚肉に野菜をのせて巻き、薄力粉を全体にまぶす。全部で12個作る。

2 チャック付き保存袋にAを入れてよくもみ混ぜ、1を加えて軽くなじませて袋をとじ、冷凍する。

冷凍保存 約1カ月

HOT COOKで、調理するとき

- **内鍋に凍ったままの2を袋から取り出して入れる。**

HW16F/HW16E
自動調理メニュー ➡ カテゴリー ➡ 煮物 ➡ 野菜 ➡「白菜と豚バラの重ね煮」(30分)で加熱する。

HT24B (2.4ℓ)	自動 ➡ 煮物 2-4
HT99B／HT16E (1.6ℓ)	自動 ➡ 煮物 2-4
HT99A (1.6ℓ)	自動 ➡ 煮物 1-6

ワンポイント しょうがのすりおろしの代わりに、にんにくのすりおろしでもおいしい！

肉巻きの **バリエーション** エリンギの歯ごたえがアクセント！

エリンギの牛肉巻きケチャップソース

冷凍保存 約1カ月

ミールキットの作り方

材料 4人分

牛もも薄切り肉… 12枚(300g)
エリンギ… 3〜4本
薄力粉… 大さじ1
塩、こしょう… 各少々

A
- トマトケチャップ… ¼カップ
- 酒… 大さじ2
- バター… 8g
- 水… 大さじ1½
- ドライハーブ… 適量

1 エリンギは縦4〜8等分に切る。牛肉にエリンギをのせて巻き、塩、こしょう、薄力粉を全体にまぶす。全部で12個作る。

2 チャック付き保存袋にAを入れてよくもみ混ぜ、1を加えて軽くなじませて袋をとじ、冷凍する。

HOT COOKで、調理するとき

- **「いんげんとにんじんの肉巻き」の作り方を参照して、「白菜と豚バラの重ね煮」(30分)で加熱する。**

失敗しないコツ
凍った材料がかさばって内鍋に入れづらいときは、入る分を少し加熱して溶けてから残りを加えてもOK！

バーベキュー風ポーク

かたまり肉の代わりにとんかつ用肉を活用！大きめに切れば食べごたえも満点！

ミールキットの作り方

材料 4人分

豚とんかつ用肉… 4枚
薄力粉… 大さじ½
A
トマトケチャップ… 大さじ2
しょうゆ… 大さじ1½
酒、焼き肉のたれ、はちみつ、オリーブ油… 各大さじ1
にんにく(すりおろし)… 小さじ1

1 豚肉は1枚を3〜4等分に切り、薄力粉をまぶす。

2 チャック付き保存袋にAを入れてよく混ぜる。1を加えて均一になるようしっかりともみ込み、肉をできるだけ平らにして袋をとじ、冷凍する。

HOT COOKで、調理するとき まぜ技ユニット

- 内鍋に凍ったままの2をほぐしながら袋から取り出し、できるだけ広げて入れる。まぜ技ユニットをセットする。

スイッチON HW16F/HW16E
自動調理メニュー ➡ カテゴリー ➡ 煮物 ➡ 肉 ➡「手羽元のタンドリー煮」(1時間) で加熱する。

*冷凍せずにそのまま加熱するときは「肉じゃが」(35分) キーでOK!

- 加熱終了後、10分ほどおいて味をなじませる。
- 器に盛り、お好みでリーフレタスを添える。

HT24B (2.4ℓ)	手動 ➡ 煮物 2-1 (50分)
HT99B／HT16E (1.6ℓ)	自動 ➡ 煮物 2-8
HT99A (1.6ℓ)	手動 ➡ 煮物 1-1 (50分)

豚肉のレモンクリームソテー

レモンの酸味と生クリームのコクが最高！仕上げに粗びき黒こしょうをふっても◎。

ミールキットの作り方

材料（4人分）

- 豚ロース薄切り肉… 400g
- 玉ねぎ… ½個
- 塩… 小さじ⅓
- こしょう… 少々
- 薄力粉… 大さじ1⅓
- A
  - 生クリーム（または牛乳）… 120mℓ
  - 白ワイン（または酒）・レモン汁 … 各大さじ1
  - レモン（薄切り）… 4枚（なければレモン汁大さじ1½に増やす）
  - バター… 10g

1 豚肉は長さが7cm程度になるように2〜3等分に切り、塩、こしょう、薄力粉をまぶす。玉ねぎは薄切りにする。

2 チャック付き保存袋にA、1の豚肉を入れてなじませ、その上に玉ねぎを入れてできるだけ平らにして袋をとじ、冷凍する。

冷凍保存 約1カ月

HOT COOKで、調理するとき まぜ技ユニット

- 内鍋に袋ごと流水で溶かした2をほぐしながら袋から取り出し、できるだけ広げて入れる。まぜ技ユニットをセットする。

HW16F/HW16E
スイッチON 自動調理メニュー ➡ カテゴリー ➡ 煮物 ➡ 野菜 ➡「白菜のクリーム煮」（20分）で加熱する。

- 器に盛り、お好みでパセリのみじん切りをちらす。

HT24B（2.4ℓ）	自動 ➡ 煮物2-14
HT99B／HT16E（1.6ℓ）	自動 ➡ 煮物2-14
HT99A（1.6ℓ）	自動 ➡ 煮物1-20

豚バラと薄切り大根のミルフィーユ煮

大根に豚バラのうまみがしみ込んだ絶品おかず。材料も少なくてラクチン！

ミールキットの作り方

材料 4人分

豚バラ薄切り肉…300g
大根…½本(500g)
塩、粗びき黒こしょう…各適量
オリーブ油、酒…各大さじ1
後入れ しょうゆ…適量

1 豚肉は4cm長さに切る。大根は3mm厚さの薄い輪切りにする。

2 内鍋にくっつかないタイプのアルミホイル(30×40cm)を敷き、大根、豚肉を交互になるように重ね、一段ずつ塩、粗びき黒こしょうをふって詰めていく。上からオリーブ油、酒をかけ、ホイルごと内鍋からそっと抜き、そのまま包んでチャック付き袋に入れて袋をとじ、冷凍する。

冷凍保存 約1カ月

HOT COOKで、調理するとき

- 内鍋に凍ったままの2をホイルから取り出して入れる。

スイッチON HW16F/HW16E
自動調理メニュー➡カテゴリー➡煮物➡野菜
➡「白菜と豚バラの重ね煮」(30分)で加熱する。

*ホイルを取らないとなかなか加熱が始まらないので注意する。

- 器に盛り、しょうゆをかける。

HT24B (2.4ℓ)	自動➡煮物2-4
HT99B／HT16E (1.6ℓ)	自動➡煮物2-4
HT99A (1.6ℓ)	自動➡煮物1-6

失敗しないコツ
ホイルごと包んで冷凍する際、広がった状態で凍らせると内鍋に入らなくなるのでしっかり包んでください。

豚しゃぶ塩麹＆野菜のごまだれあえ

ホットクックなら素材のうまみや栄養を逃しません。にんじんは薄めに切りそろえて冷凍して。

ミールキットの作り方

材料（4人分）

豚ロースしゃぶしゃぶ用肉…300g
キャベツ…¼個(200g)
にんじん…½本
A 塩麹、酒…各大さじ2

後入れ たれ
練りごま(白)…大さじ1½
砂糖…小さじ1
しょうゆ、酢…各大さじ½
顆粒和風だしの素…小さじ½

1 キャベツは1cm幅の細切り、にんじんは5mm厚さの輪切りにし、チャック付き保存袋に入れて袋をとじ、冷凍する。

2 1とは別のチャック付き保存袋にAを入れてもみ混ぜ、豚肉を加えて軽くなじませ、できるだけ平らにして袋をとじ、冷凍する。

HOT COOKで、調理するとき

- 内鍋に凍ったままの2、1を順に、ほぐしながら袋から取り出して入れる。

スイッチON HW16F/HW16E
自動調理メニュー➡カテゴリー➡煮物➡野菜➡「白菜と豚バラの重ね煮」(30分)で加熱する。

＊ステンレス鍋の場合、焦げつきやすいので内鍋の底にキャベツを少し敷く。

HT24B(2.4ℓ)	自動➡煮物2-4
HT99B／HT16E(1.6ℓ)	自動➡煮物2-4
HT99A(1.6ℓ)	自動➡煮物1-6

- 豚肉に火が通っていなければ、加熱延長(10分)で火を通す。たれの材料を上から順に混ぜ合わせてかける。

豚肉のカレークリーム煮

まろやかな辛さが後を引くひと皿。豚肉は薄切り肉、しょうが焼き用でもOK！

ミールキットの作り方

材料 4人分

豚ヒレ肉… 400g
玉ねぎ… ½個
セロリ… ⅓本
マッシュルーム… 4個
塩… 小さじ¼
薄力粉… 大さじ1
A
- カレー粉… 小さじ2
- 生クリーム(または牛乳)… ½カップ
- 顆粒コンソメスープの素… 小さじ½

1 豚肉は1cm厚さに切り、塩、薄力粉をまぶす。セロリは筋を取り、玉ねぎとともに薄切り、マッシュルームは石づきを取り、5mm厚さの薄切りにする。

2 チャック付き保存袋にAを入れてもみ混ぜ、1の豚肉を加えてなじませる。その上に玉ねぎ、セロリ、マッシュルームを入れ、できるだけ平らにして袋をとじ、冷凍する。

冷凍保存 約1カ月

HOT COOKで、調理するとき まぜ技ユニット

- 内鍋に凍ったままの2をほぐしながら袋から取り出して入れて混ぜる。まぜ技ユニットをセットする。

スイッチON HW16F/HW16E
自動調理メニュー ➡ カテゴリー ➡ 煮物 ➡ 肉 ➡「肉じゃが」(35分)で加熱する。

- 器に盛り、お好みでパセリのみじん切りをちらす。

HT24B (2.4ℓ)	自動 ➡ 煮物2-1
HT99B／HT16E (1.6ℓ)	自動 ➡ 煮物2-1
HT99A (1.6ℓ)	自動 ➡ 煮物1-1

失敗しないコツ
内鍋に野菜が下に、豚肉が上になるように入れると、野菜から水分が出て焦げつきにくくなります。

豚スペアリブの梅こしょう煮

梅干しと煮ることでしつこくなく、さっぱりとした味わいに仕上がります。

ミールキットの作り方

材料（4人分）

豚スペアリブ…800g
塩…小さじ½
梅干し（中サイズ）…4〜5個
A
- 粗びき黒こしょう…小さじ½
- 酒…大さじ4
- みりん…大さじ1

後入れ 水…¼カップ

1 豚スペアリブに塩をもみ込む。
2 梅干しは種を除いて2〜4等分に手でちぎり、チャック付き保存袋にAとともに入れる。1を加えて軽く混ぜて袋をとじ、冷凍する。

冷凍保存
約1カ月

HOT COOKで、調理するとき　まぜ技ユニット

- 内鍋に凍ったままの2をほぐしながら袋から取り出し、できるだけ広げて入れる。水を加えて、まぜ技ユニットをセットする。

スイッチON
HW16F/HW16E
自動調理メニュー➡カテゴリー➡煮物➡肉
➡「スペアリブの煮こみ」（1時間30分）で加熱する。

- 器に盛り、お好みで白髪ねぎを添える。

HT24B（2.4ℓ）	自動➡煮物2-6
HT99B／HT16E（1.6ℓ）	自動➡煮物2-6
HT99A（1.6ℓ）	自動➡煮物1-7

失敗しないコツ
梅干しは塩分7%のものを使用しています。塩分によっては量を調整してください。

牛肉とトマトのカレー

冷凍するとうまみが増すトマトでカレーに。にんじん、なす、じゃがいもを追加するのもおすすめ。

ミールキットの作り方

材料（4人分）

牛ロース薄切り肉(または牛角切り肉)… 300g
玉ねぎ… 1½個
トマト… 3個(またはトマト水煮缶1カップ)
薄力粉… 大さじ2
A
- カレー粉… 大さじ2
- オリーブ油… 大さじ1
- 塩… 小さじ1
- 固形コンソメスープの素… 1個

1 牛肉は食べやすい大きさに切り、薄力粉をまぶす。玉ねぎは薄切り、トマトはくし形切りにする。

2 チャック付き保存袋に牛肉、A、玉ねぎ、トマトの順に入れて袋をとじ、冷凍する。

冷凍保存
約1カ月

HOT COOKで、調理するとき まぜ技ユニット

- 内鍋に凍ったままの2をほぐしながら袋から取り出し、できるだけ広げて入れる。まぜ技ユニットをセットする。

スイッチON HW16F/HW16E
自動調理メニュー ➡ カテゴリー ➡ カレー・シチュー ➡「ビーフカレー」(45分)で加熱する。

- 器にごはん(分量外)を盛り、牛肉とトマトのカレーをかける。

HT24B (2.4ℓ)	自動 ➡ カレー・スープ1-2
HT99B／HT16E (1.6ℓ)	自動 ➡ カレー・スープ1-2
HT99A (1.6ℓ)	自動 ➡ 煮物 1-15

ワンポイント カレー粉がないときは薄力粉、塩、コンソメスープの素を使わず、カレールウとオリーブ油のみで作れます。

チャプチェ風野菜炒め

ホットクック調理なら春雨がモチモチした食感に！野菜もたっぷりとれて栄養もバッチリ！

ミールキットの作り方

材料 4人分

牛もも薄切り肉…300g
にんじん…⅓本
しいたけ…4枚
ピーマン…4個
春雨(乾燥・ショートタイプ)…40g

A
- しょうゆ、コチュジャン…各大さじ1½
- 砂糖…大さじ1⅓
- ごま油…大さじ1
- にんにく(すりおろし)…小さじ1
- 鶏がらスープの素…小さじ1

後入れ 水…½カップ

1 にんじんは細切りにする。しいたけは石づきを取り、5㎜幅の薄切りにする。ピーマンはへたと種を取り、縦半分に切ってから8㎜幅の細切りにする。チャック付き保存袋に野菜を切った順に入れ、春雨も乾燥のまま入れて袋をとじ、冷凍する。

2 牛肉は1㎝幅に切る。2とは別のチャック付き保存袋にAを入れてもみ混ぜる。牛肉を加えてなじませ、できるだけ平らにして袋をとじ、冷凍する。

＋

HOT COOKで、調理するとき まぜ技ユニット

- 内鍋に凍ったままの1を野菜、春雨、2の順にほぐしながら袋から取り出して入れる。上から水をまわしかけ、まぜ技ユニットをセットする。

スイッチON HW16F/HW16E
自動調理メニュー➡カテゴリー➡煮物➡肉➡「回鍋肉」(20分)で加熱する。

- 加熱終了後、牛肉に火が通っていない場合は加熱延長(5分)で火を通す。

HT24B (2.4ℓ)	自動➡煮物2-13
HT99B／HT16E (1.6ℓ)	自動➡煮物2-13
HT99A (1.6ℓ)	自動➡煮物1-20

牛肉の赤ワイン煮

まるでレストランで食べるようなとろけるお肉に感動！おもてなしにもぴったり♫

ミールキットの作り方

材料 4人分

- 牛すね肉…600g
- トマト…1個
- 玉ねぎ…1個
- にんにく…1かけ
- 塩…小さじ½
- 粗びき黒こしょう…少々
- 薄力粉…大さじ2
- A
  - 赤ワイン…1½カップ
  - バター…20g
  - しょうゆ…小さじ1
  - あればローリエ…2枚

1 牛肉に塩、粗びき黒こしょう、薄力粉をまぶす。トマトはざく切り、玉ねぎはくし形切りにしてほぐす。にんにくは芯を除いて薄切りにする。

2 チャック付き保存袋にA、牛肉、野菜の順に入れ、なるべく平らにして袋をとじ、冷凍する。

HOT COOKで、調理するとき まぜ技ユニット

- **内鍋に肉の部分を袋ごと軽く流水で溶かした2をほぐしながら袋から取り出し、できるだけ広げて入れる。まぜ技ユニットをセットする。**

スイッチON HW16F/HW16E
自動調理メニュー➡カテゴリー➡カレー・シチュー➡「ビーフシチュー」(1時間25分)で加熱する。

- **器に盛り、お好みでパセリのみじん切りをちらす。**

HT24B (2.4ℓ)	自動➡カレー・スープ1-4
HT99B／HT16E (1.6ℓ)	自動➡カレー・スープ1-4
HT99A (1.6ℓ)	自動➡煮物1-16

失敗しないコツ
凍った材料を内鍋に入れづらいときは、入る分を少し加熱して溶けてから残りを加えてもOK!

牛こまのサテ風炒め

濃厚なピーナツバターのたれが牛肉にからんで美味。お好みの葉野菜で巻いて召し上がれ！

ミールキットの作り方

材料（4人分）

牛こま切れ肉…400g
塩、こしょう…各適量
A
- ピーナッツバター…大さじ2½
- 酒…大さじ2
- 砂糖…小さじ2
- しょうゆ…大さじ½
- にんにく(すりおろし)…小さじ½

1. 牛肉に塩、こしょうを強めにし、チャック付き保存袋に入れる。
2. Aをよく混ぜ、1に加えて全体に行き渡るようにかけてなじませ、できるだけ平らにして袋をとじ、冷凍する(へらなどで塗るようにすると均一になる)。

冷凍保存
約1カ月

HOT COOKで、調理するとき　まぜ技ユニット

- 内鍋に袋ごと流水で溶かした2をほぐしながら袋から取り出して入れる。まぜ技ユニットをセットする。

スイッチON
HW16F/HW16E
自動調理メニュー➡カテゴリー➡煮物➡肉➡「回鍋肉」(20分)で加熱する。

- 加熱終了後、牛肉に火が通っていない場合は加熱延長(5分)で火を通す。
- 器に盛り、お好みでサンチュを巻いて食べる。

HT24B(2.4ℓ)	自動➡煮物2-13
HT99B／HT16E(1.6ℓ)	自動➡煮物2-13
HT99A(1.6ℓ)	自動➡煮物1-20

豚ひきとえびのジャンボシュウマイ

皮で包まないラクチンシュウマイ。えびは粗く刻んでぷりぷりの食感をプラスします。

ミールキットの作り方

材料 4人分

豚ひき肉…400g
むきえび…150g
玉ねぎ…¼個
シュウマイの皮…20枚
冷凍グリーンピース…大さじ1½

A
- 塩…ひとつまみ
- しょうゆ、酒…各大さじ1
- しょうが(すりおろし)…小さじ1
- 片栗粉…大さじ3
- ごま油…大さじ1

後入れ 水…大さじ2

1 玉ねぎはみじん切りにする。えびは背わたを取り、包丁で粗く刻んでたたく。ボウルに豚ひき肉、Aを加えてよく練り混ぜ、玉ねぎ、えびを加えて混ぜる。

2 内鍋にくっつかないアルミホイル(30×40㎝)を敷き、底にシュウマイの皮を鍋のへりに少し沿わせながら敷き詰める(へりに並べづらいところは、皮を半分に切って側面に張り付けるように並べる)。

3 1を平たい丸にまとめ、厚みを3～4㎝にする。2の上にのせ、淵からはみ出しているシュウマイの皮を包むようにして内側に軽くたたみ、上にグリーンピースをのせて軽く押し込む。そのままホイルを取り出してふんわりと包み、チャック付き保存袋に入れて袋をとじ、冷凍する。

冷凍保存 約1カ月

HOT COOKで、調理するとき

- 内鍋に凍ったままの2をホイルから外して入れ、水をまわしかける。

スイッチON HW16F/HW16E
自動調理メニュー➡カテゴリー➡煮物➡野菜➡「ロールキャベツ」(1時間分5分)で加熱する。

＊凍らせずそのまま作るときは「白菜と豚バラの重ね煮」(30分)キーでOK！
＊ホイルを取らないとなかなか加熱が始まらないので注意する。

- 食べやすい大きさに切り分け、お好みでしょうゆ、からしなどをつけて食べる。

HT24B(2.4ℓ)	自動➡煮物2-12
HT99B／HT16E(1.6ℓ)	自動➡煮物2-12
HT99A(1.6ℓ)	自動➡煮物1-4

失敗しないコツ
ホイルごと包んで冷凍する際、広がった状態で凍らせると内鍋に入らなくなるのでしっかり包んでください。

ミートボールの甘酢あん

ふわっとした肉だんごとたっぷりの野菜が入った中華風おかず。ごはんによく合います。

ミールキットの作り方

材料 4人分

A
- 豚ひき肉… 350g
- パン粉… ½カップ
- 卵… 1個
- 塩… 小さじ¼
- こしょう… 少々

片栗粉… 大さじ1½
ピーマン… 2個
パプリカ(赤・黄)… 各½個
玉ねぎ… ¼個

B
- 酢、砂糖、トマトケチャップ … 各大さじ3
- しょうゆ… 大さじ1½
- 酒… 大さじ1
- 鶏がらスープの素 … 小さじ1
- しょうが(すりおろし) … 小さじ½

1 ピーマンとパプリカはへたと種を取って大きめの乱切り、玉ねぎはくし形切りにしてほぐす。チャック付き保存袋にBを入れてもみ混ぜ、切った野菜を加えて袋をとじ、冷凍する。

2 ボウルにAを入れてよく練り合わせ、直径4cm程度のボール状にまとめ、片栗粉をまぶす。1とは別のチャック付き保存袋に入れて袋をとじ、冷凍する。

HOT COOKで、調理するとき

- **内鍋に凍ったままの1、2を順にほぐしながら袋から取り出して入れる。**

＊ ステンレス鍋の場合、サラダ油(分量外)を塗る。

スイッチON HW16F/HW16E
自動調理メニュー➡カテゴリー➡煮物 ➡魚介 ➡「さばのみそ煮」(20分)で加熱する。

- **肉が生っぽいときは、軽く混ぜてから加熱延長(5分)で火を通す。**

HT24B (2.4ℓ)	自動➡煮物2-10
HT99B／HT16E (1.6ℓ)	自動➡煮物2-10
HT99A (1.6ℓ)	自動➡煮物 1-9

厚揚げのひき肉はさみ煮

厚揚げの切り口に片栗粉をまぶしておくと、加熱しても肉汁をとじ込めることができます。

ミールキットの作り方

材料 4人分

厚揚げ… 400g

A
- 鶏ひき肉… 100g
- 長ねぎ(みじん切り)… 5cm分
- しょうが(すりおろし)… 小さじ½
- 塩… 少々

片栗粉… 大さじ½

後入れ B
- めんつゆ(2倍濃縮)… 大さじ5
- 酒… 大さじ2
- 水… ¾カップ

1 ボウルにAを入れてよく練り合わせる。厚揚げは8等分に切り、両端を少し残して包丁で下まで縦に切り込みを入れ、片栗粉をふる。Aを詰めてもう一度切り口に片栗粉をふり、手でしっかり埋め込む。

2 チャック付き保存袋に入れて袋をとじ、冷凍する。

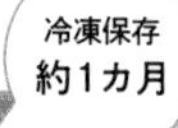

HOT COOKで、調理するとき

- 内鍋に凍ったままの2を袋から取り出して入れ、Bをまわしかける。

スイッチON HW16F/HW16E
自動調理メニュー➡カテゴリー➡煮物 ➡魚介 ➡「さばのみそ煮」(20分)で加熱する。

- お好みで小ねぎの小口切りをちらす。

HT24B (2.4ℓ)	自動➡煮物2-10
HT99B／HT16E (1.6ℓ)	自動➡煮物2-10
HT99A (1.6ℓ)	自動➡煮物1-9

ワンポイント
❶ Bのめんつゆと酒は、別の保存袋に入れて冷凍し、加熱するときに加えてもOK。その場合、水を一緒に入れてしまうと溶けるのに時間がかかるのでNG。
❷ 厚揚げは絹ごし豆腐を揚げたやわらかいタイプではなく、木綿豆腐を揚げたかたいタイプがおすすめ！

ほうれん草入りドライカレー

ほうれん草と玉ねぎの水分で作る無水カレー。野菜が苦手なお子さんでも食べやすい味わいです。

ミールキットの作り方

材料 4人分

合いびき肉…300g
ほうれん草…小1把(150g)
玉ねぎ…1個

A
- トマトケチャップ…大さじ3
- カレー粉…大さじ2
- ウスターソース…大さじ1½
- バター…10g（またはオリーブ油大さじ1）
- にんにく(すりおろし)…小さじ1
- 顆粒コンソメスープの素…小さじ1
- 塩…少々

1 ほうれん草は茎を1cm長さに切り、葉の部分を1.5cm四方に切る。玉ねぎはみじん切りにする。

2 チャック付き保存袋にひき肉、Aを入れて軽くなじませ、その上に1を入れて袋をとじ、冷凍する。

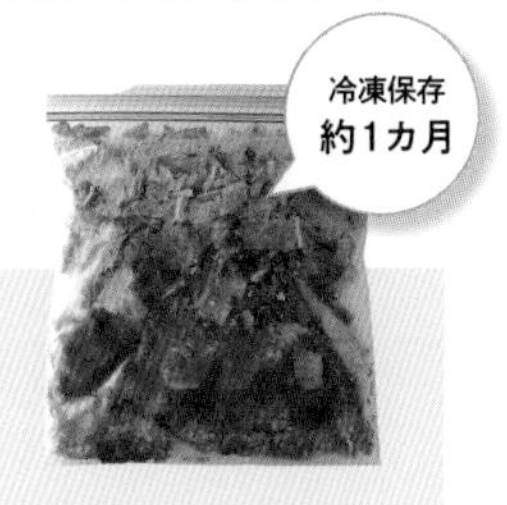

HOT COOKで、調理するとき まぜ技ユニット

- **内鍋に凍ったままの2を野菜、ひき肉の順に袋から取り出して入れる。まぜ技ユニットをセットする。**

スイッチON HW16F/HW16E
自動調理メニュー➡カテゴリー➡カレー・シチュー➡「キーマカレー」(30分)で加熱する

HT24B (2.4ℓ)	自動➡カレー・スープ1-3
HT99B/HT16E (1.6ℓ)	自動➡カレー・スープ1-3
HT99A (1.6ℓ)	自動➡煮物1-19

- 器にごはん(分量外)を盛り、ほうれん草入りドライカレーをかける。

ワンポイント ほうれん草のシュウ酸が気になる場合は、ゆでてから刻んで冷凍してもOK! またほうれん草の代わりに小松菜でもおいしくできます。

板ひき肉とかぼちゃのトマト煮

冷凍してもホクホク感が味わえるかぼちゃ。ひき肉のトマト煮込みとも相性抜群です。

ミールキットの作り方

材料 4人分

合いびき肉…300g
かぼちゃ…1/8個(正味150g)

A
- トマト水煮缶…1カップ
- 顆粒コンソメスープの素…小さじ1
- 塩…ひとつまみ
- 粗びき黒こしょう…少々

1 大きめのチャック付き保存袋にひき肉を入れ、手で押しつぶすように厚さ1cmの板状にする。折れやすいように菜箸などで8等分の筋をつける。

2 かぼちゃは種とわたを取り、2cm厚さのくし形切りにして長さを半分に切り、1の保存袋に一緒に入れて袋をとじ、冷凍する。

3 2とは別の保存袋にAを入れて混ぜ、できるだけ平らにして袋をとじ、冷凍する。

冷凍保存 約1カ月

+

HOT COOKで、調理するとき

- 内鍋に凍ったままの3のソース、2のひき肉を袋から取り出してブロックごとに折りながら入れ、かぼちゃも入れる。

スイッチON HW16F/HW16E
自動調理メニュー➡カテゴリー➡野菜➡「白菜と豚バラの重ね煮」(30分)で加熱する

- お好みで食べるときに粉チーズをかけてもおいしい!

HT24B (2.4ℓ)	自動➡煮物2-4
HT99B/HT16E (1.6ℓ)	自動➡煮物2-4
HT99A (1.6ℓ)	自動➡煮物1-6

ワンポイント● ひき肉を板状にしてから筋をつけて冷凍しておくと、内鍋に入れるときにパキッと折れやすく、火の通りも均一になります。

ひじき入りふんわり豆腐ハンバーグ

豆腐の水きりをしっかりすれば味がぼやけません。ひき肉は豚ひきや鶏ひきでもOK！

ミールキットの作り方

材料（4人分）

合いびき肉…400g
木綿豆腐…150g
芽ひじき(乾燥)…5g

A
- 塩…小さじ⅓
- こしょう…少々
- パン粉…½カップ
- 玉ねぎ(みじん切り)…¼個分

B
- 酒…大さじ2
- しょうゆ…大さじ1
- サラダ油…適量

後入れ 水…¼カップ

1. 芽ひじきは水につけてもどし、水けをきる。耐熱皿に豆腐をのせてラップをかけ、電子レンジ(600W)で1分ほど加熱して水きりし、ペーパータオルで水けをしっかりとふき、粗熱をとる(または重しをして冷蔵庫で2時間ほど水きりする)。
2. ボウルにひき肉、豆腐、Aを入れてよく練り混ぜ、芽ひじきも加えて混ぜる。
3. 内鍋にくっつかないアルミホイル(30×40cm)を敷き、2を平たい丸にまとめて入れて形作り、上から混ぜ合わせたBをかける。ホイルごとそっと取り出して包み、チャック付き保存袋に入れて袋をとじ、冷凍する。

冷凍保存 約1カ月

HOT COOKで、調理するとき

- 内鍋にサラダ油を塗り、凍ったままの3をホイルから取り出して入れ、水をまわしかける。

スイッチON HW16F/HW16E
自動調理メニュー➡カテゴリー➡煮物➡野菜
➡「ロールキャベツ」(1時間分5分)で加熱する。

＊凍らせずそのまま作るときは、「白菜と豚バラの重ね煮」(30分)キーでOK!
＊ホイルを取らないとなかなか加熱が始まらないので注意する。

- 食べやすい大きさに切り分け、お好みで大根おろし、青じそ、ポン酢しょうゆなどを添えて食べる。

HT24B (2.4ℓ)	自動➡煮物2-12
HT99B／HT16E (1.6ℓ)	自動➡煮物2-12
HT99A (1.6ℓ)	自動➡煮物1-4

ワンポイント ❶ホイルごと冷凍する際、広がった状態で凍らせると内鍋に入らなくなるのでしっかり包んでください。
❷冷凍から加熱するので、通常の同じキーより時間がかかることがあります。

扱いやすくて人気の鮭の切り身。
甘酸っぱいトマトケチャップと
相性がバッチリ！
かじきやたらで作っても
おいしいです。

鮭のケチャップソース炒め

鮭に薄力粉をまぶしておくと、たれがよくからんで水っぽくなりません！

ミールキットの作り方

材料（4人分）

生鮭… 4切れ
玉ねぎ… ¼個
さやいんげん… 8本
塩、こしょう… 各少々
薄力粉… 大さじ1

A
トマトケチャップ… ¼カップ
酒… 大さじ1
ウスターソース、オリーブ油
… 各 大さじ½

＊ステンレス鍋の場合は、Aにオリーブ油を加えず、加熱するときに鍋に塗ってから材料を入れる。

1 玉ねぎは薄切り、さやいんげんは長さを2〜3等分に切る。

2 生鮭は水けをふいて骨を除き、1切れを4等分に切り、塩、こしょう、薄力粉をまぶす。チャック付き保存袋にAを入れて混ぜ合わせる。鮭を加えて全体に調味料が行き渡るようにし、その上に1も入れて袋をとじ、冷凍する。

冷凍保存 約1カ月

HOT COOKで、調理するとき

- 内鍋に凍ったままの2を野菜、生鮭の順にほぐしながら袋から取り出して入れる。

HW16F/HW16E

スイッチON 自動調理メニュー ➡ カテゴリー ➡ 煮物 ➡ 魚介 ➡「さばのみそ煮」(20分) で加熱する。

HT24B (2.4ℓ)	自動 ➡ 煮物2-10
HT99B／HT16E (1.6ℓ)	自動 ➡ 煮物2-10
HT99A (1.6ℓ)	自動 ➡ 煮物1-9

失敗しないコツ

加熱するときは内鍋の底に玉ねぎを少し敷き、その上に鮭をできるだけくっつかないように並べると、くっつきにくくなります。

鮭のソース炒めの

バリエーション　ごはんにのせて食べたい！

かじきとピーマンの焼き肉のたれ炒め

冷凍保存 約1カ月

ミールキットの作り方

材料（4人分）

めかじき… 4切れ
ピーマン… 3個
パプリカ(黄)… ½個
薄力粉… 大さじ1

A
焼き肉のたれ… 大さじ2
コチュジャン、酒、ごま油
… 各大さじ1

＊ステンレス鍋の場合はAにごま油を加えず、加熱するときに鍋に塗ってから材料を入れる。

1 ピーマンはへたと種を取って縦2等分に切り、パプリカもへたと種を取って2cm幅に切る。

2 めかじきは1切れを4等分に切り、薄力粉をまぶす。チャック付き保存袋にAを入れて混ぜ合わせる。めかじきを加えて全体に調味料が行き渡るようにし、その上に1も入れて袋をとじ、冷凍する。

HOT COOKで、調理するとき

- 「鮭のケチャップソース炒め」の作り方を参照して、「さばのみそ煮」(20分) で加熱する。器に盛り、お好みで糸唐辛子を添える。

魚介のブイヤベース風

見た目は豪華だけど作り方はいたってかんたん！ 魚介のうまみが溶け出したスープも絶品です。

ミールキットの作り方

材料（4人分）

たい… 4切れ
あさり（砂抜き済み）… 200g
えび（殻付き）… 8尾
玉ねぎ… 1個
セロリ… ⅓本
塩、こしょう… 各少々

A
トマト水煮缶… 1カップ（200g）
白ワイン（または酒）… ¼カップ
塩… 小さじ½
バター… 10g
あればサフラン… ひとつまみ
（またはドライハーブ 小さじ1）
にんにく（みじん切り）… 1かけ分
（またはすりおろし 小さじ1）

後入れ 水… 1カップ

1 あさりは殻をよくこすり合わせて洗って水けをふき、チャック付き保存袋に入れて袋をとじ、冷凍する。

2 たいは1切れを2等分に切り、塩、こしょうをまぶす。えびは背わた、剣先を取る。玉ねぎは薄切り、セロリは筋を取って薄切りにする。1とは別のチャック付き保存袋にA、えび、たいを入れてなじませ、その上に野菜を入れて袋をとじ、冷凍する。

冷凍保存 約2週間

HOT COOKで、調理するとき

- 内鍋に凍ったままの2を野菜、魚介、1の順に袋から取り出して入れ、水をまわし入れる。

スイッチON HW16F/HW16E
自動調理メニュー ➡ カテゴリー ➡ スープ ➡「ブイヤベース」（1時間）で加熱する。

- 器に盛り、お好みでパセリのみじん切りをちらす。

HT24B（2.4ℓ）	自動 ➡ カレー・スープ1-10
HT99B／HT16E（1.6ℓ）	自動 ➡ カレー・スープ1-10
HT99A（1.6ℓ）	自動 ➡ 煮物1-18

ワンポイント 具はあさり水煮缶、ムール貝、いかの輪切り、冷凍シーフードミックスなどを使ってもOK。野菜はにんじん、じゃがいも、パプリカなどを加えてもおいしい！

失敗し… えびの尾の先にある剣先は手や口に刺さりやすく、危ないので手で折って取って。

たらとじゃがいものクリーム煮

あっさりしたたらを生クリームで濃厚に仕上げました。冷凍したじゃがいももねっとりして美味！

ミールキットの作り方

材料（4人分）

生たら… 4切れ
じゃがいも… 2個
玉ねぎ… ½個
塩、こしょう… 各少々
薄力粉… 大さじ2

A
- 生クリーム… 130mℓ（⅔カップ）
- 白ワイン（または酒）… 大さじ3
- 顆粒コンソメスープの素… 小さじ½
- にんにく（すりおろし）… 小さじ½
- バター… 10g

1 じゃがいもは皮をむいて1cm厚さの輪切りにして水にさっとさらし、水けをふく。玉ねぎは1cm厚さの薄切りにしてほぐす。

2 生たらは水けをふき、1切れを2～3等分に切り、塩、こしょう、薄力粉をまぶす。チャック付き保存袋にAと一緒に入れてなじませ、その上に1も入れて袋をとじ、冷凍する。

HOT COOKで、調理するとき

- 内鍋に凍ったままの2を野菜、生たらの順に袋から取り出して入れる。

スイッチON
HW16F/HW16E
自動調理メニュー ➡ カテゴリー ➡ 煮物 ➡ 野菜 ➡「白菜と豚バラの重ね煮」（30分）で加熱する。

- 器に盛り、お好みで粗びき黒こしょうをちらす。

HT24B（2.4ℓ）	自動 ➡ 煮物-2-4
HT99B／HT16E（1.6ℓ）	自動 ➡ 煮物-2-4
HT99A（1.6ℓ）	自動 ➡ 煮物-1-6

これでワンランクアップ
ベーコンを加えるとコクが増してさらにおいしくなります。

ぶりのカレー風味炒め

カレー粉とにんにくで食欲をそそるメインおかず。ぶりの代わりにかじきでも作れます。

ミールキットの作り方

材料（4人分）

ぶり… 4切れ
長ねぎ… ½本
塩、こしょう… 各少々
薄力粉… 大さじ1

A
- 酒… 大さじ2
- しょうゆ… 大さじ½
- カレー粉… 小さじ⅔
- にんにく(すりおろし)… 小さじ½
- 砂糖… 小さじ⅓
- オリーブ油*… 大さじ1

＊ステンレス鍋の場合、Aにオリーブ油を加えず、加熱するときに鍋に塗ってから材料を入れる。

後入れ 水… 大さじ2

1. ぶりは1切れを4等分に切り、塩、こしょう、薄力粉をまぶす。長ねぎは5㎜厚さの斜め切りにする。
2. チャック付き保存袋にA、1のぶりを入れてなじませ、その上に長ねぎも入れて袋をとじ、冷凍する。

冷凍保存 約1カ月

HOT COOKで、調理するとき

- 内鍋に凍ったままの2を長ねぎ、ぶりの順にほぐしながら袋から取り出して入れ、水をまわしかける。

スイッチON HW16F/HW16E
自動調理メニュー➡カテゴリー➡煮物➡魚介➡「さばのみそ煮」(20分)で加熱する。

HT24B (2.4ℓ)	自動➡煮物2-10
HT99B／HT16E (1.6ℓ)	自動➡煮物2-10
HT99A (1.6ℓ)	自動➡煮物1-9

- 器に盛り、お好みでベビーリーフを添える。

失敗しないコツ
加熱するときは内鍋の底に長ねぎを少し敷き、その上にぶりを重ならないように並べると、くっつきにくくなります。

かじきのピザ風蒸し

ケチャップとチーズでピザ風にアレンジ！お子さんウケすること間違いなし！

ミールキットの作り方

材料 4人分

- めかじき… 4切れ
- 玉ねぎ… ½個
- ピーマン… 1個
- 塩、こしょう… 各少々
- 酒… 大さじ1
- トマトケチャップ… 大さじ3
- 溶けるチーズ… 60g
- 後入れ オリーブ油… 大さじ½

1 めかじきは水けをふき、1切れを3等分に切り、塩、こしょうをまぶす。玉ねぎは薄切り、ピーマンはへたと種を取り、3mm厚さの輪切りにする。

2 内鍋にくっつかないアルミホイル(30×40cm)を敷き、1の玉ねぎを下に敷いて酒をかけ、めかじきを敷き詰める。トマトケチャップを塗り、溶けるチーズ、ピーマンをのせる。ホイルごと取り出して形を崩さないように包み、チャック付き保存袋に入れて袋をとじ、冷凍する。

冷凍保存
約1カ月

HOT COOKで、調理するとき

- 内鍋にオリーブ油を塗り、凍ったままの2をホイルから取り出して入れる。

スイッチON HW16F/HW16E
自動調理メニュー ➡ カテゴリー ➡ 煮物 ➡ 野菜 ➡「白菜と豚バラの重ね煮」(30分)で加熱する。

*ホイルを取らないとなかなか加熱が始まらないので注意する。

HT24B (2.4ℓ)	自動 ➡ 煮物2-4
HT99B／HT16E (1.6ℓ)	自動 ➡ 煮物2-4
HT99A (1.6ℓ)	自動 ➡ 煮物1-6

失敗しないコツ

❶ ホイルにかじきを敷き詰めるときは、なるべく厚みが均一になるようにすると加熱ムラがなくなります。
❷ ホイルごと包んで冷凍する際、広がった状態で凍らせると内鍋に入らなくなるのでしっかり包んでください。

えびマヨ

えびを揚げる必要なし！ぷりぷりでクリーミーな味わいはやみつきです。

ミールキットの作り方

材料（4人分）

むきえび(大)… 300g
長ねぎ… ½本
塩、こしょう… 各少々
片栗粉… 大さじ1

A
酒、マヨネーズ… 各大さじ3
ごま油*… 大さじ1
トマトケチャップ… 大さじ½
鶏がらスープの素… 小さじ1
にんにく(すりおろし)… 小さじ⅓

*ステンレス鍋の場合、Aにごま油を加えず、加熱するときに鍋に塗ってから材料を入れる。

1 えびは背わたを取り、塩、こしょう、片栗粉をまぶす。長ねぎは斜め薄切りにする。

2 チャック付き保存袋にAを入れて混ぜる。1のえびを加えて軽くなじませ、その上に長ねぎを入れて袋をとじ、冷凍する。

冷凍保存 約1カ月

HOT COOKで、調理するとき

- 内鍋に凍ったままの2を長ねぎ、えびの順に軽くほぐしながら袋から取り出して入れる。

HW16F/HW16E
自動調理メニュー→カテゴリー→煮物→魚介→「さばのみそ煮」(20分) 加熱する。

- 器に盛り、お好みでレタスの細切りを添える。

HT24B (2.4ℓ)	自動→煮物2-10
HT99B／HT16E (1.6ℓ)	自動→煮物2-10
HT99A (1.6ℓ)	自動→煮物1-9

失敗しないコツ
加熱するときは内鍋の底に長ねぎを少し敷き、その上にえびを重ならないようにのせるとくっつきにくくなります。

えびとマッシュルームのアヒージョ

ホットクックなら少ないオイルで作れます。パンを浸して食べても good！

ミールキットの作り方

材料 4人分

むきえび… 300g
マッシュルーム… 8〜12個

A
- にんにく(みじん切り)… 2かけ分
- 塩… 小さじ¼
- 粗びき黒こしょう… 小さじ¼
- パセリ(みじん切り)… 大さじ1
- オリーブ油… 大さじ2

1 えびは背わたを取って水けをよくふく。Aを入れたチャック付き保存袋に加えて軽くなじませる。

2 マッシュルームは石づきを取り、1の袋の上部に入れて袋をとじ、冷凍する。

HOT COOKで、調理するとき

- 内鍋に凍ったままの2をマッシュルーム、えびの順に軽くほぐしながら袋から取り出して入れる。

スイッチON HW16F/HW16E
自動調理メニュー ➡ カテゴリー ➡ 煮物 ➡ 魚介 ➡「さばのみそ煮」(20分)で加熱する。

HT24B (2.4ℓ)	自動 ➡ 煮物2-10
HT99B／HT16E (1.6ℓ)	自動 ➡ 煮物2-10
HT99A (1.6ℓ)	自動 ➡ 煮物1-9

ワンポイント しめじやエリンギなどを追加してミックスきのこにしてもおいしいです。

あじのサンガ焼き風

あじに香味野菜とみそを合わせた千葉の郷土料理。ホットクックでふっくら仕上げます。

ミールキットの作り方

材料 4人分・8個分

あじ… 4尾
長ねぎ… ¼本
A
- みそ… 大さじ1
- 酒、しょうゆ… 各小さじ½
- 片栗粉… 大さじ1
- しょうが(すりおろし)… 小さじ1

青じそ… 8枚

後入れ
サラダ油… 小さじ1
酒… 大さじ2

1 あじは三枚おろしにして皮と小骨を取り、包丁でたたくかフードプロセッサーで撹拌する。長ねぎはみじん切りにする。

2 1とAをよく混ぜ、8等分にして小判形にまとめ、青じそで巻く。チャック付き保存袋に間隔を空けて入れ、袋をとじて冷凍する。

HOT COOKで、調理するとき

- 内鍋にサラダ油を塗り、凍ったままの2を袋から取り出して青じそで包んである面が下になるよう、立てかけるように並べ、酒をまわしかける。

スイッチON HW16F/HW16E
自動調理メニュー➡カテゴリー➡煮物➡魚介
➡「さばのみそ煮」(20分)で加熱する。

HT24B (2.4ℓ)	自動➡煮物2-10
HT99B／HT16E (1.6ℓ)	自動➡煮物2-10
HT99A (1.6ℓ)	自動➡煮物1-9

失敗しないコツ
ステンレス鍋の場合は焦げやすいので、肉の部分が鍋底にあたらないように並べてください。

いかとセロリのソテー

いかのうまみとセロリのさわやかな香りがクセになる一品！少ない調味料で味も決まります。

ミールキットの作り方

材料 4人分

生いか…2杯
セロリ…1本
塩、こしょう…各少々
A ごま油、酒…各大さじ1
鶏がらスープの素…小さじ1
にんにく(すりおろし)…小さじ1

1 いかは内臓を除いて皮をむき、胴は輪切り、足は食べやすい長さに切る。ともに塩、こしょうをまぶす。セロリは筋を取り、茎は厚さ8㎜～1㎝の斜め切りにし、葉はざく切りにする。

2 チャック付き保存袋にAを入れて混ぜ、セロリの茎、葉、いかの順に入れて袋をとじ、冷凍する。

HOT COOKで、調理するとき　まぜ技ユニット

• 内鍋に凍ったままの2を軽くほぐしながら袋から取り出して入れ、まぜ技ユニットをセットする。

スイッチON HW16F/HW16E
手動 ➡ 炒める（2分）で加熱する。

HT24B (2.4ℓ)	手動 ➡ 煮物（まぜる）2分
HT99B／HT16E (1.6ℓ)	手動 ➡ 煮物（まぜる）2分
HT99A (1.6ℓ)	手動 ➡ 煮物（まぜる）2分

ワンポイント 生いかではなく、冷凍いかを使う場合は解凍せず、そのまま使ってもOK。またセロリは薄く切りぎると、仕上がりがくたくたになってしまうので注意。

ホットクックにまかせれば
じゃがいもが
煮くずれすることがなく、
味がしみしみで
ホクホクの仕上がりに！

韓国風肉じゃが

じゃがいもは火の通りが均一になるよう、大きさをそろえて切って冷凍します。

ミールキットの作り方

材料（4人分）

じゃがいも… 3～4個
玉ねぎ… 1個
豚ロース薄切り肉… 150g

A
- 酒… 大さじ3
- コチュジャン（チューブ）… 大さじ2
- しょうゆ… 大さじ1
- にんにく（すりおろし）… 小さじ1

1 じゃがいもは皮をむいて4等分に切り、さっと水にさらして水けをふく。玉ねぎはくし形切りにしてほぐす。豚肉は5cm長さに切る。

2 チャック付き保存袋にAを入れて混ぜ、豚肉、野菜の順に入れて袋をとじ、冷凍する。

冷凍保存 約1カ月

HOT COOKで、調理するとき　まぜ技ユニット

- 内鍋に袋ごと肉の部分だけ流水で軽く溶かした2を玉ねぎ、じゃがいも、豚肉の順にほぐしながら袋から取り出して入れる。まぜ技ユニットをセットする。

スイッチON HW16F/HW16E
自動調理メニュー ➡ カテゴリー ➡ 煮物 ➡ 肉 ➡「肉じゃが」（35分）で加熱する。

- 器に盛り、お好みで小ねぎの小口切りをちらす。

HT24B（2.4ℓ）	自動 ➡ 煮物2-1
HT99B／HT16E（1.6ℓ）	自動 ➡ 煮物2-1
HT99A（1.6ℓ）	自動 ➡ 煮物1-1

韓国風肉じゃがの **バリエーション**　買い置きの缶詰が大活躍！

ツナじゃが

冷凍保存 約1カ月

ミールキットの作り方

材料（4人分）

じゃがいも… 3～4個
玉ねぎ… 1個
ツナ油漬け缶… 小1缶（75g）

A
- 酒… 大さじ3
- しょうゆ… 大さじ2½
- みりん… 大さじ1½
- 砂糖… 大さじ1

1 じゃがいもは皮をむいて2～4等分に切り、水にさっとさらして水けをふく。玉ねぎはくし形切りにしてほぐす。ツナ缶は軽く缶汁をきる。

2 チャック付き保存袋にA、1を入れて袋をとじ、冷凍する。

HOT COOKで、調理するとき

まぜ技ユニット

- 「韓国風肉じゃが」の作り方を参照して、「肉じゃが」（35分）で加熱する。お好みで青じそのせん切りを添える。

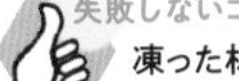

失敗しないコツ
凍った材料を内鍋に入れづらいときは、入る分を少し加熱して溶けてから残りを加えてもOK！

大根の肉みそ煮

大根は冷凍すると繊維が壊れて味がしみやすくなります。肉そぼろもよくからんでおいしい！

ミールキットの作り方

材料 4人分

大根… ½本(500g)
鶏ひき肉… 100g
A
- 酒… 大さじ2
- みそ… 大さじ1½
- みりん… 大さじ1
- しょうゆ、砂糖… 各小さじ1
- しょうが(すりおろし)… 小さじ1
- 顆粒和風だしの素… 小さじ½
- 片栗粉… 大さじ1

1 大根は皮をむき、1cm厚さのいちょう切りにし、チャック付き保存袋に入れて袋をとじ、冷凍する。

2 1とは別のチャック付き保存袋にAを入れて混ぜ合わせる。ひき肉を加えて軽くなじませ、できるだけ平らにして袋をとじ、冷凍する。

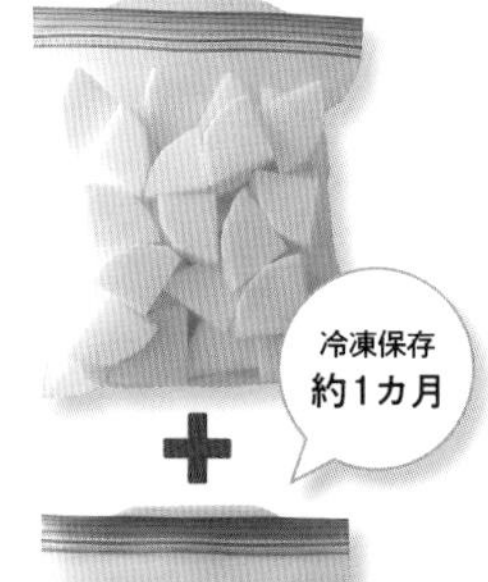

HOT COOKで、調理するとき まぜ技ユニット

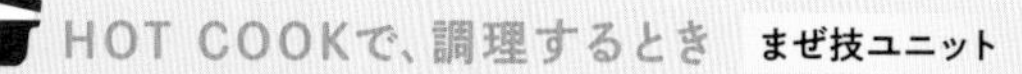

- **内鍋に凍ったままの1、2を軽くほぐしながら袋から取り出して入れる。まぜ技ユニットをセットする。**

スイッチON HW16F/HW16E
自動調理メニュー➡カテゴリー➡煮物➡肉➡「鶏と大根の煮物」(35分)で加熱する。

- 器に盛り、お好みで小ねぎの小口切りをちらす。

HT24B (2.4ℓ)	自動➡煮物2-1
HT99B／HT16E (1.6ℓ)	自動➡煮物2-1
HT99A (1.6ℓ)	自動➡煮物1-1

ワンポイント ひき肉は薄い板状にして冷凍すると、加熱するときにほぐしやすくなります。

キャベツとソーセージのザワークラウト風

まろやかな酸味でくたくたに煮えたキャベツがたっぷり食べられます。

ミールキットの作り方

材料 4人分

キャベツ… ¼個(300g)
玉ねぎ… ¼個
ウインナーソーセージ… 8本
A
白ワイン(または酒)… 大さじ2
酢… 大さじ1
塩… 小さじ¼
粗びき黒こしょう… 少々
固形コンソメスープの素… 1個

後入れ 水… ¾カップ

1 キャベツは5㎜幅の細切り、玉ねぎは薄切りにし、Aと一緒にチャック付き保存袋に入れ、軽くもんでなじませる。ウインナーソーセージも加えて袋をとじ、冷凍する。

HOT COOKで、調理するとき まぜ技ユニット

- 内鍋に凍ったままの1を軽くほぐしながら袋から取り出して入れ、水をまわしかける。まぜ技ユニットをセットする。

スイッチON HW16F/HW16E
自動調理メニュー ➡ カテゴリー ➡ スープ ➡「野菜スープ」(25分)で加熱する。

- 器に煮汁ごと盛り、お好みで粒マスタードを添える。

HT24B (2.4ℓ)	自動 ➡ カレー・スープ1-5
HT99B／HT16E (1.6ℓ)	自動 ➡ カレー・スープ1-5
HT99A (1.6ℓ)	手動 ➡ 煮物1-1(まぜる) 20分

具だくさんいり豆腐

冷凍向きで水きり不要の厚揚げを活用。ごはんが進むコクのある味わいです。

ミールキットの作り方

材料 4人分

厚揚げ… 300g
鶏ひき肉… 70g
にんじん… 1/6本
しいたけ… 2枚
長ねぎ… 6cm

A
- しょうゆ… 大さじ1・1/3
- 砂糖… 小さじ2
- しょうが(すりおろし)… 小さじ2/3
- 顆粒和風だしの素… 小さじ1/2

後入れ 卵… 1個

1 にんじんは細切り、しいたけは石づきを取って薄切り、長ねぎは小口切りにする。

2 厚揚げは3cm角に切り、チャック付き保存袋にひき肉、Aと一緒を入れてなじませる。その上に1を入れて袋をとじ、冷凍する。

HT24B (2.4ℓ)	自動 ➡ 煮物2-1
HT99B／HT16E (1.6ℓ)	自動 ➡ 煮物2-1
HT99A (1.6ℓ)	自動 ➡ 煮物 1-1

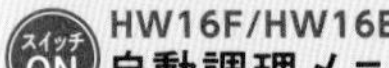

HOT COOKで、調理するとき まぜ技ユニット

- 内鍋に凍ったままの2をほぐしながら袋から取り出して入れる。溶きほぐした卵をまわし入れ、まぜ技ユニットをセットする。

スイッチON HW16F/HW16E
自動調理メニュー ➡ カテゴリー ➡ 煮物 ➡ 肉 ➡「肉じゃが」(35分)で加熱する。

- 加熱終了後、へらで厚揚げを粗くつぶす。

ワンポイント ミールキットを冷凍しないで作るときは、しっかりと水きりした木綿豆腐で作ってもOK！

切り干し大根と豚肉のめんつゆ煮

調味料はめんつゆと砂糖だけ！手間をかけたような煮物が失敗なく完成します。

ミールキットの作り方

材料 4人分

切り干し大根(乾燥)… 50g
にんじん… 1/3本
しめじ… 1/2パック
豚薄切り肉… 150g
A めんつゆ(2倍濃縮)… 70mℓ(1/3カップ)
　水… 1/4カップ
　砂糖… 小さじ1

1 切り干し大根は水でさっと洗って水けを絞り、長さを4等分に切る。にんじんは短冊切り、しめじは石づきを取り、ほぐす。豚肉は4cm長さに切る。

2 チャック付き保存袋に1の切り干し大根を入れ、残りの野菜、豚肉、Aの順に入れ、袋をとじて冷凍する。

冷凍保存 約1カ月

HOT COOKで、調理するとき

• 内鍋に凍ったままの2をほぐしながら袋から取り出して入れる。

スイッチON HW16F/HW16E
自動調理メニュー ➡ カテゴリー ➡ 煮物 ➡ 乾物・こんにゃく ➡「切り干し大根の煮物」(25分)で加熱する。

HT24B (2.4ℓ)	手動 ➡ 煮物2-2(10〜15分)
HT99B／HT16E (1.6ℓ)	手動 ➡ 煮物2-2(10〜15分)
HT99A (1.6ℓ)	手動 ➡ 煮物1-2(10〜15分)

ワンポイント
❶ 切り干し大根は水でもどさず、さっと洗って水けを絞ってから冷凍してください。できるだけ水分の少ない状態で冷凍するとベチャベチャしません。
❷ 冷凍せずにそのまま加熱する場合は、水に15分ほどつけてもどしてから使います。

ミックスビーンズとひじきの炒めサラダ

冷凍しても食感が変わりにくいズッキーニをプラスしてボリュームアップ！

ミールキットの作り方

材料 4人分

ミックスビーンズ缶… 2缶(200g)
芽ひじき(乾燥)… 8g
(またはひじき水煮 60g)
ズッキーニ… 1本
A
- オリーブ油… 大さじ2
- しょうゆ… 大さじ1
- 塩… 小さじ1/4
- 粗びき黒こしょう… 少々

1 芽ひじきは水に10分つけてもどし、水けをしっかりときる。ズッキーニは1cm角に切る。
2 チャック付き保存袋にAを入れてもみ混ぜ、1、ミックスビーンズを加えて袋をとじ、冷凍する。

HOT COOKで、調理するとき まぜ技ユニット

- 内鍋に凍ったままの2をほぐしながら袋から取り出して入れる。まぜ技ユニットをセットする。

スイッチON HW16F/HW16E
自動調理メニュー ➡ カテゴリー ➡ 煮物 ➡ 野菜 ➡「パプリカとズッキーニのあえ物」(15分)で加熱する。

HT24B (2.4ℓ)	自動 ➡ 煮物2-15
HT99B／HT16E (1.6ℓ)	自動 ➡ 煮物2-15
HT99A (1.6ℓ)	手動 ➡ 煮物1-2(8分)

チンゲン菜と桜えびのナムル風

歯ごたえがしっかり残っていて彩りもきれい！

ミールキットの作り方

材料 4人分

チンゲン菜…4株
桜えび(乾燥)…8g

A
- ごま油…大さじ2
- にんにく(すりおろし)…小さじ½
- 鶏がらスープの素…小さじ½
- 塩、こしょう…各少々

1. チンゲン菜は4cm長さに切る。
2. チャック付き保存袋にA、1、桜えびを入れて混ぜ、袋をとじて冷凍する。

HOT COOKで、調理するとき まぜ技ユニット

- 内鍋に凍ったままの2をほぐしながら袋から取り出して入れ、まぜ技ユニットをセットする。

スイッチON HW16F/HW16E
手動 ➡ 炒める ➡ 1分で加熱する。

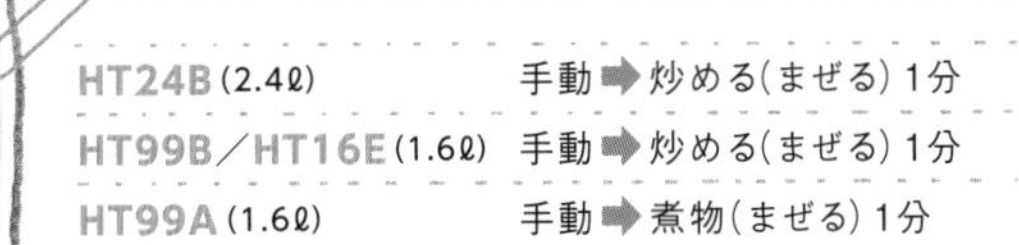

HT24B (2.4ℓ)	手動 ➡ 炒める(まぜる) 1分
HT99B／HT16E (1.6ℓ)	手動 ➡ 炒める(まぜる) 1分
HT99A (1.6ℓ)	手動 ➡ 煮物(まぜる) 1分

ごぼうのカレーきんぴら

ありそうでなかったやみつきになる味わい！

ミールキットの作り方

材料 4人分

ごぼう…1½本

A
- バター…8g
- しょうゆ…小さじ2
- みりん…大さじ½
- カレー粉…小さじ⅔

冷凍保存
約1カ月

1. ごぼうは皮をこそげて厚めの斜め切りにし、さっと水にさらして水けをしっかりとふく。
2. チャック付き保存袋に1、Aを入れて混ぜ、袋をとじて冷凍する。

HOT COOKで、調理するとき まぜ技ユニット

- 内鍋に凍ったままの2をほぐしながら袋から取り出して入れ、まぜ技ユニットをセットする。

スイッチON HW16F/HW16E
自動調理メニュー ➡ カテゴリー ➡ 煮物 ➡ 野菜 ➡「きんぴら」(35分)で加熱する。

HT24B (2.4ℓ)	自動 ➡ 煮物2-16
HT99B／HT16E (1.6ℓ)	自動 ➡ 煮物2-16
HT99A (1.6ℓ)	自動 ➡ 煮物1-3

なすの中華風煮物

リピート必至！箸が止まらないおいしさです。

ミールキットの作り方

材料 4人分

なす… 4本

A
- 酒… 大さじ2
- オイスターソース… 大さじ1
- 砂糖、しょうゆ、ごま油… 各小さじ½
- にんにく(すりおろし)… 小さじ1

冷凍保存
約2週間

1 なすは大きめの乱切りにして水にさらし、水けをしっかりとふく。

2 チャック付き保存袋にAを入れて混ぜ、1を加えてなじませて袋をとじ、冷凍する。

HOT COOKで、調理するとき

- 内鍋に凍ったままの2を袋から取り出して入れ、水をまわしかける。

スイッチON HW16F/HW16E
自動調理メニュー ➡ カテゴリー ➡ 煮物 ➡ 野菜 ➡「かぼちゃの煮物」(20分)で加熱する。

HT24B (2.4ℓ)	自動 ➡ 煮物2-3
HT99B／HT16E (1.6ℓ)	自動 ➡ 煮物2-3
HT99A (1.6ℓ)	自動 ➡ 煮物1-2

- 器に盛り、お好みで小ねぎの小口切りをちらす。

にんじんのバターグラッセ

にんじんは厚めに切ると食感が落ちるので注意。

ミールキットの作り方

材料 4人分

にんじん… 2本

A
- バター… 10g
- 砂糖… 大さじ1
- 塩… 小さじ⅓

冷凍保存
約1カ月

後入れ 水… ¼カップ

1 にんじんは皮をむき、1cm厚さの輪切りにする。

2 チャック付き保存袋にA、1を入れて袋をとじ、冷凍する。

HOT COOKで、調理するとき

- 内鍋に凍ったままの2を袋から取り出して入れ、水をまわしかける。

スイッチON HW16F/HW16E
自動調理メニュー ➡ カテゴリー ➡ 煮物 ➡ 野菜 ➡「かぼちゃの煮物」(20分)で加熱する。

HT24B (2.4ℓ)	自動 ➡ 煮物2-3
HT99B／HT16E (1.6ℓ)	自動 ➡ 煮物2-3
HT99A (1.6ℓ)	自動 ➡ 煮物1-2

きのこのめんつゆマヨソテー

しいたけやえのきたけでも作れます。

ミールキットの作り方

材料 4人分

しめじ…２パック
エリンギ…５本
A
めんつゆ(2倍濃縮)…大さじ３
マヨネーズ…大さじ２
しょうが(すりおろし)…小さじ½

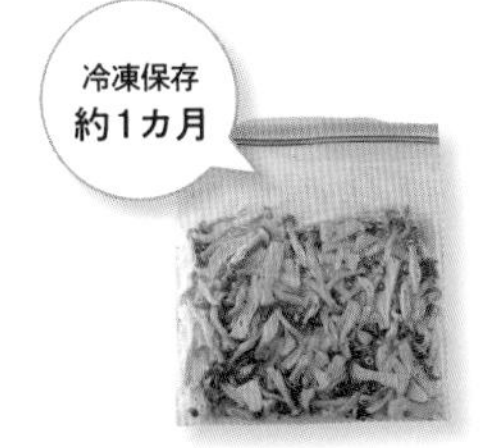
冷凍保存
約1カ月

1 しめじは石づきを取ってほぐす。エリンギは長ければ長さを半分に切り、縦8等分に切る。
2 チャック付き保存袋にAを入れて混ぜ、1を加えてなじませて袋をとじ、冷凍する。

HOT COOKで、調理するとき まぜ技ユニット

- 内鍋に凍ったままの2をほぐしながら袋から取り出して入れ、まぜ技ユニットをセットする。

スイッチON HW16F/HW16E
自動調理メニュー➡カテゴリー➡煮物➡肉➡「回鍋肉」(20分)で加熱する。

HT24B(2.4ℓ)	自動➡煮物2-13
HT99B/HT16E(1.6ℓ)	自動➡煮物2-13
HT99A(1.6ℓ)	自動➡煮物1-20

カリフラワーのカレー風味煮

噛みごたえがあってダイエットにもぴったり！

ミールキットの作り方

材料 4人分

カリフラワー…小1株(300g)
玉ねぎ…¼個
A
白ワイン(または酒)…大さじ2
カレー粉…大さじ½
固形コンソメスープの素…１個
塩　少々
後入れ 水…¾カップ

冷凍保存
約2週間

1 カリフラワーは小房に分ける。玉ねぎは薄切りにする。
2 チャック付き保存袋にA、1を入れてなじませ、袋をとじて冷凍する。

HOT COOKで、調理するとき まぜ技ユニット

- 内鍋に凍ったままの2を袋から取り出して入れ、水をまわしかける。まぜ技ユニットをセットする。

スイッチON HW16F/HW16E
自動調理メニュー➡カテゴリー➡煮物➡野菜➡「小松菜とツナの煮物」(15分)で加熱する。

HT24B(2.4ℓ)	自動➡煮物2-1
HT99B/HT16E(1.6ℓ)	自動➡煮物2-1
HT99A(1.6ℓ)	手動➡煮物1-1(8分)

1.0ℓのホットクックに対応

同時に2品完成！ ヤッタネ

ミニ ホットクックでラクうまごはん

「ホットクック HW10E」は、容量が1.0Lで1～2人分の調理が可能なので、
1人暮らしの人や少人数世帯にも無理なく使うことができます。
普段の調理はもちろん、「上下2段調理」キーを使いこなせば、
上段と下段で「蒸し物と煮物」、「ごはんとおかず」など、異なる料理が一度に完成します。

HW10E

2段調理のポイント

- 1.0ℓ容量のホットクックにおいて自動で作れる量は1～2人分です。内鍋に入れすぎないように注意して調理してください。
- 2段調理ではまぜ技ユニットがセットされていないことを確認し、ふたを閉めてください。
- 加熱後、蒸しトレイを取り出すときは、乾いたふきんなどを使い、やけどに注意してください。また蒸しトレイに付着した水滴が内鍋に落ちることを防ぐため、取り出すときは水平に持ち上げてください。

「チーズタッカルビ風蒸し」と「白米ごはん」のセット

甘辛いたれがしみ込んだ肉や野菜にチーズをからめてどうぞ！ごはんもふっくら炊けます！

材料

内鍋（1合分）
白米…1合
水…目盛りの分量

蒸しトレイ（1人分）
鶏もも肉…⅓枚（80g）
キャベツ（ざく切り）…1枚
にんじん（短冊切り）…15g
玉ねぎ（薄切り）…⅛個
A［コチュジャン…大さじ1½
　しょうゆ…大さじ½
溶けるチーズ…30g

作り方

1. 白米はといで水けをきり、内鍋に入れる。目盛りにそって水を注いで本体にセットし、30分以上おく。
2. 鶏肉は余分な皮と脂を取り除き、2cm角程度に切ってAをもみ込む。
3. くっつかないタイプのアルミホイルを2重にして2をのせ、周囲に野菜をのせる。溶けるチーズをのせ、折りたたむようにして包む。**蒸しトレイ**にのせ、1の本体にセットする。

スイッチON　**HW10E**　まぜ技ユニットがセットされていないことを確認
自動調理メニュー ➡ カテゴリー ➡ 2段調理
➡「炊飯（1合）&おかず」（30分）で加熱する。

「温野菜のタルタル蒸し」と「バーベキュー風ポーク」のセット

さつまいも、じゃがいもなど火が通りづらい野菜は、厚く切りすぎないよう注意して。

材料

内鍋 1人分

P22のバーベキュー風
　ポークの材料… 1/4量分
水…大さじ1/2

蒸しトレイ 1人分

ブロッコリー… 3房
れんこん（8㎜厚さの輪切り）… 3枚
にんじん（8㎜厚さの輪切り）… 3枚
かぶ（茎を少し残してくし形切り）… 1/2個
さつまいも（8㎜厚さの輪切り）… 3枚
卵… 1個

A
マヨネーズ… 大さじ1
レモン汁… 小さじ1/2
玉ねぎ（みじん切り）
　（またはピクルス・みじん切り）… 小さじ1
あれば粒マスタード… 小さじ1/2
塩、こしょう… 各少々

作り方

1 「バーベキュー風ポーク」はP22の材料と作り方を参照し、内鍋に水と一緒に入れる。

2 ブロッコリーと卵はくっつかないタイプのアルミホイルに少し中心をあけて軽く包む。**蒸しトレイ**に残りの野菜と一緒に入れ、1の本体にセットする。

スイッチON
HW10E　まぜ技ユニットがセットされていないことを確認
自動調理メニュー ➡ カテゴリー ➡ 2段調理
➡「イタリアンセット」（25分）で加熱する。

3 2の卵はすぐに冷水につけて冷やし、殻をむく。フォークなどでつぶしてAを加えて混ぜ、タルタルソースを作る。器に温野菜を盛り、タルタルソースをかける。1も別の器に盛り、お好みでベビーリーフを添える。

ワンポイント　タルタルソースにほぐしたたらこを加えてもおいしい。野菜と一緒に、鶏ささみ、魚、ウインナーなどを一緒に蒸してもOK！

「鮭と野菜のホイル蒸し」と「ピーラーごぼうの豚汁」のセット

メインおかずと汁ものが同時に完成！　鮭はしっとり＆ふくっら、豚汁も味がしみしみです。

材料

内鍋 〔約1人分〕

P80の「ピーラーごぼうの豚汁」の材料… ⅓量分

蒸しトレイ 〔1人分〕

生鮭… 1切れ

スライスベーコン… ½枚

玉ねぎ（薄切り）… ⅒個

パプリカ（黄・細切り）… 2cm分

さやいんげん（斜め切り）… 1本分

塩、こしょう… 各少々

酒… 大さじ1

溶けるチーズ… 15g

粗びき黒こしょう、七味唐辛子 … 各適量

作り方

1 P80の「ピーラーごぼうの豚汁」の材料と作り方を参照し、内鍋に入れる。

2 鮭に塩、こしょうをまぶす。ベーコンは1cm幅に切る。

3 くっつかないタイプのアルミホイルに鮭をのせ、周囲に残りの野菜とベーコンをのせる。酒をまわしかけ、溶けるチーズをのせ、中心を折りたたみ、端をひねって包む。**蒸しトレイ**に入れ、1の本体にセットする。

スイッチON HW10E まぜ技ユニットがセットされていないことを確認
自動調理メニュー ➡ カテゴリー ➡ 2段調理 ➡「イタリアンセット」（25分）で加熱する。

- 器にそれぞれ盛り、「鮭と野菜のホイル蒸し」に粗びき黒こしょうを、「ピーラーごぼうの豚汁」に七味唐辛子をふる。

ワンポイント ホイル蒸しの野菜はミニトマト、きのこ、長ねぎなどでもOK！ 味つけはしょうゆ、塩麹、にんにくバター、オイスターソース、みそなども合います。

part 2

下ごしらえがラク！

手間なし！ささっとごはん

ホットクックはパスタや焼きうどん、
リゾットなどの**ワンディッシュ**から、
野菜の**煮物**や**卵料理**、**スープ＆汁もの**まで、
毎日のほとんどのメニューが
おいしく作れるのが魅力です。
このパートでは、鍋に入れるまでの
下準備が 5 分以内でできるものを厳選しました。
夕食はもちろん、時間をかけたくないランチや
あと1品ほしいときに、活用してみてください。

ミートソースパスタ

ひと鍋で人気のコクうまパスタが完成！洗い物が減るうれしいレシピです。

材料 2〜3人分

スパゲッティ（7分ゆでタイプ）… 200g
合いびき肉… 160g
玉ねぎ… ½個

A
- トマト水煮缶… 300g
- 水… 160mℓ
- オリーブ油… 大さじ1
- にんにく（みじん切り）… 1かけ（またはにんにく〈すりおろし〉小さじ1）
- 顆粒コンソメスープの素… 小さじ1
- 塩… 小さじ¼
- こしょう… 少々

粉チーズ、パセリ（みじん切り）… 各適量

作り方

1 玉ねぎは薄切りにする。スパゲッティは半分に折る。

2 内鍋に玉ねぎを入れ、ひき肉とスパゲッティの各半量を交互に重ねるようにして入れる。
※スパゲッティがばらばらになるように入れるとよい。

3 混ぜ合わせたAを上から全体にかけ、**まぜ技ユニット**をセットする。

スイッチON HW16F/HW16E
自動調整メニュー ➡ カテゴリー ➡ めん類 ➡「ナポリタン風パスタ」（20分）で加熱する。

- 加熱終了後、手早く混ぜてほぐす。器に盛り、粉チーズ、パセリのみじん切りをちらす。

HT24B（2.4ℓ）	自動 ➡ めん類5-2
HT99B／HT16E（1.6ℓ）	自動 ➡ めん類5-2
HT99A（1.6ℓ）	手動 ➡ 煮物1-1（10分）

失敗しないコツ
スパゲッティを半分に折ったら、できるだけばらばらになるよう、放射状に重ねて入れるとくっつきにくく仕上がります。

たらこクリームパスタ

後入れのたらこクリームはかたまりやすいので手早くあえて！

材料 2〜3人分

スパゲッティ（7分ゆでタイプ）… 200g
玉ねぎ… ½個
A 塩… 小さじ¼
　オリーブ油… 大さじ1½
　水… 2カップ
B 甘塩たらこ（薄皮から身を取り出してほぐす）
　… 1½腹（70g）
　生クリーム（または牛乳）… ⅓カップ
　しょうゆ… 大さじ1
刻みのり… 適量

作り方

1 玉ねぎは薄切りにする。スパゲッティは半分に折る。
2 内鍋に玉ねぎ、スパゲッティを入れる。
※スパゲッティがばらばらになるように入れるとよい。
3 Aを上から全体にかけ、**まぜ技ユニット**をセットする。

スイッチON
HW16F/HW16E
自動調整メニュー ➡ カテゴリー ➡ めん類 ➡「ナポリタン風パスタ」（20分）で加熱する。

- **加熱終了後、混ぜ合わせたBを加えて手早く混ぜてほぐす。器に盛り、刻みのりをのせる。**

HT24B（2.4ℓ）	自動 ➡ めん類5-2
HT99B／HT16E（1.6ℓ）	自動 ➡ めん類5-2
HT99A（1.6ℓ）	手動 ➡ 煮物1-1（10分）

ワンポイント 味が少し薄いようなら、お好みでしょうゆを足してください。たらこの代わりに明太子でもおいしくできます。

きのことひき肉の和風パスタ

鍋に具材とパスタを交互に入れるとくっつきにくくなり、味もまんべんなくつきます。

材料 2〜3人分

スパゲッティ（7分ゆでタイプ）… 200g
豚ひき肉… 150g
まいたけ… ½パック
しめじ… 1パック
玉ねぎ… ¼個
A
- 酒… 大さじ2
- オリーブ油、しょうゆ… 各大さじ1½
- 顆粒コンソメスープの素… 小さじ1
- にんにく（すりおろし）… 小さじ1
- 赤唐辛子（輪切り・お好みで）… ひとつまみ
- 水… 1½カップ

作り方

1 しめじは石づきを取って小房に分け、まいたけは手でほぐす。玉ねぎは薄切りにする。スパゲッティは半分に折る。
2 内鍋に玉ねぎを入れ、きのこ類、ひき肉、スパゲッティの各半量を交互に重ねるようにして入れる。
※スパゲッティがばらばらになるように入れるとよい。
3 Aを上から全体にかけ、**まぜ技ユニット**をセットする。

スイッチON HW16F/HW16E
自動調整メニュー ➡ カテゴリー ➡ めん類 ➡「ナポリタン風パスタ」（20分）で加熱する。

- **加熱終了後、手早く混ぜてほぐす。器に盛り、お好みで粗びき黒こしょうをふる。**

HT24B（2.4ℓ）	自動 ➡ めん類5-2
HT99B／HT16E（1.6ℓ）	自動 ➡ めん類5-2
HT99A（1.6ℓ）	手動 ➡ 煮物1-1（10分）

具だくさんナポリタン

カレー粉をちょい足しするだけで激うまに！野菜もたっぷりで食べごたえ満点！

材料 2〜3人分

スパゲッティ（7分ゆでタイプ）… 200g
スライスベーコン… 2枚
ズッキーニ… ½本（90g）
パプリカ（黄）… ¼個（25g）
玉ねぎ… ¼個（80g）

A
- トマトケチャップ… ½カップ
- 水… 1½カップ
- ウスターソース、オリーブ油… 各大さじ1
- カレー粉… 小さじ⅓
- 塩… ひとつまみ〜小さじ¼

作り方

1. ベーコンは1.5㎝幅に切る。パプリカはへたと種を取り、ズッキーニ、玉ねぎとともに1〜1.5㎝角に切る。スパゲッティは半分に折る。
2. 内鍋に玉ねぎを入れ、残りの具材とスパゲッティを交互に重ねるようにして入れる。
   ※スパゲッティがばらばらになるように入れるとよい。
3. 混ぜ合わせたAを上から全体にかけ、**まぜ技ユニット**をセットする。

スイッチON
HW16F/HW16E
自動調整メニュー ➡ カテゴリー ➡ めん類 ➡「ナポリタン風パスタ」（20分）で加熱する。

- 加熱終了後、手早く混ぜてほぐす。

HT24B（2.4ℓ）	自動 ➡ めん類5-2
HT99B／HT16E（1.6ℓ）	自動 ➡ めん類5-2
HT99A（1.6ℓ）	手動 ➡ 煮物1-1（10分）

ワンポイント 具材はなすやピーマン、ウインナーソーセージを使ってもOK！ 仕上げに粉チーズをたっぷりふってもおいしい！

鍋に入れるまで 4分

野菜とあさりのスープパスタ

やさしくてほっとする味わい。あさりの缶汁も調味料として使います。

材料 2〜3人分

スパゲッティ（7分ゆでタイプ）… 200g
ほうれん草… ½把（80g）
玉ねぎ… ¼個
にんじん… ¼本
スライスベーコン… 2枚
あさり水煮缶… 1缶（180g）
A
オリーブ油… 大さじ1½
固形コンソメスープの素… 1個
こしょう… 少々
にんにく（すりおろし）… 小さじ1
（またはにんにく〈みじん切り〉1かけ）
水… 2½カップ

作り方

1 ほうれん草は4㎝長さに切る。玉ねぎは薄切り、にんじんはせん切り、ベーコンは1㎝幅に切る。スパゲッティは半分に折る。
2 内鍋に玉ねぎ、ベーコン、にんじんを入れてから、スパゲッティがばらばらになるように入れる。
3 あさり水煮を缶汁ごと、Aを加え、ほうれん草を最後にのせる。**まぜ技ユニット**をセットする。

スイッチON
HW16F/HW16E
自動調整メニュー➡カテゴリー➡めん類➡「スープパスタ」（20分）で加熱する。

- 加熱終了後、手早く混ぜてほぐす。器に盛り、お好みで粗びき黒こしょうをふる。

HT24B（2.4ℓ）	自動➡めん類5-1
HT99B／HT16E（1.6ℓ）	自動➡めん類5-1
HT99A（1.6ℓ）	自動➡めんゆで4-5

ワンポイント にんじんの代わりにミニトマト6個を加えると、ほどよい酸味とうまみがプラスされて美味！

みそ煮込みうどん

うどんにしっかりと味がしみていてほっとするおいしさ！

材料 2人分

ゆでうどん（または冷凍うどん）… 2玉
白菜… 1枚
ごぼう… ¼本
にんじん… ⅓本
長ねぎ… ⅓本
豚こま切れ肉… 100g
A
- 水… 3カップ
- みそ… 大さじ2
- しょうゆ、みりん… 各大さじ1
- 顆粒和風だしの素… 小さじ2
- しょうが（すりおろし）… 小さじ½

作り方

1. 白菜はざく切りにする。ごぼうは皮をこそげてささがきにし、水にさらして水けをきる。
2. にんじんはいちょう切り、長ねぎは小口切りにする。豚肉は大きければひと口大に切る。
3. 内鍋に1、2の野菜、豚肉は広げながら入れ、ほぐしたゆでうどん、混ぜ合わせたAを加え、**まぜ技ユニット**をセットする。

スイッチON HW16F/HW16E
自動調整メニュー ➡ カテゴリー ➡ めん類 ➡「煮こみうどん」（25分）で加熱する。

- 器に盛り、お好みで七味唐辛子をふる。

HT24B（2.4ℓ）	自動 ➡ めん類5-3
HT99B／HT16E（1.6ℓ）	自動 ➡ めん類5-3
HT99A（1.6ℓ）	手動 ➡ 煮物1-1（15分）

鍋に入れるまで 5分

ワンポイント　具材はきのこ、かぼちゃ、油揚げなどを加えても味わい深くておすすめです。

シンプル焼きうどん

まぜ技ユニットのおかげで炒めムラがなく、モチモチの仕上がりに！

材料 2人分

ゆでうどん（焼きうどん用）…２玉
キャベツ…１枚
ピーマン…２個
にんじん…⅙本
もやし…½パック
豚ひき肉（または豚薄切り肉）…150g
ごま油…大さじ1
A
- 中濃ソース…大さじ2
- しょうゆ…大さじ½
- 顆粒和風だしの素…小さじ1

作り方

1 キャベツはざく切る。ピーマンはへたと種を取り、縦半分に切ってから5mm幅に切る。にんじんは短冊切りにする。豚バラ薄切り肉を使う場合は、4cm幅に切る。

2 内鍋にごま油を塗り、1の野菜ともやし、ひき肉、ほぐしたゆでうどん、Aの順に入れる。※ステンレス鍋の場合はうどんが焦げつきやすいので、鍋の側面にめんが当たらないように並べる。

3 **まぜ技ユニット**をセットする。

スイッチON HW16F/HW16E
手動 ➡ 炒める ➡ 1分で加熱する。

- 加熱終了後、手早く混ぜる。
  豚肉に火が通っていなければ、加熱延長（1～3分）で火を通す。
- 器に盛り、お好みでかつお節、青のり粉をかける。

HT24B（2.4ℓ）	手動 ➡ 煮物2-1（1分）
HT99B／HT16E（1.6ℓ）	手動 ➡ 煮物2-1（1分）
HT99A（1.6ℓ）	手動 ➡ 煮物1-1（1分）

ワンポイント 調味料は中濃ソースとしょうゆ、顆粒和風だしの素の代わりに添付のソースを使ってもOK！お好みで加熱終了後にソースをかけ足してもおいしい。

エスニック焼きそば

具材は火の通りが均一になるように鍋に広げながら入れるのがポイント！

材料 2人分

中華蒸しめん（焼きそば用）… 2玉
パプリカ（赤）… ⅓個
セロリ… ½本
もやし… ½パック
豚バラ薄切り肉… 150g
A
- ナンプラー… 大さじ2½
- ごま油… 大さじ1
- 赤唐辛子（輪切り）… ひとつまみ

作り方

1. パプリカはへたと種を取り、5㎜幅の細切りにする。セロリは筋を取り、茎は縦半分に切ってから斜め薄切りにし、葉はざく切りにする。豚肉は4㎝幅に切る。
2. 内鍋に1の野菜、豚肉は広げながら入れ、中華蒸しめん、Aの順に入れる。
   ※ステンレス鍋の場合は中華蒸しめんが焦げつきやすいので、鍋の側面にめんが当たらないように並べる。
3. **まぜ技ユニット**をセットする。

スイッチON HW16F/HW16E
手動 ➡ 炒める ➡ 2分で加熱する。

- 加熱終了後、手早く混ぜる。
  豚肉に火が通っていなければ、加熱延長（1～3分）で火を通す。
- 器に盛り、お好みでレモンのくし形切り、香菜を添える。

HT24B（2.4ℓ）	手動 ➡ 煮物2-1（2分）
HT99B／HT16E（1.6ℓ）	手動 ➡ 煮物2-1（2分）
HT99A（1.6ℓ）	手動 ➡ 煮物2-1（2分）

鍋に入れるまで 4分

ミックスベジタブルとひき肉のスピードカレー

材料がたった4つ！食事作りが面倒なときでもこれならできそう！

材料 4人分

合いびき肉…300g
冷凍ミックスベジタブル…1½カップ（100g）
カレールウ…4かけ
水…2カップ
温かいごはん…4人分

作り方

1 カレールウは手で割る。
2 内鍋にごはん以外のすべての材料を入れ、箸などでひき肉をほぐすように混ぜる。**まぜ技ユニット**をセットする。

スイッチON HW16F/HW16E
自動調理メニュー ➡ カテゴリー ➡ 煮物 ➡ 肉 ➡「回鍋肉」（20分）で加熱する。

- 器にごはんを盛り、カレーをかける。

HT24B（2.4ℓ）	自動 ➡ 煮物2-13
HT99B／HT16E（1.6ℓ）	自動 ➡ 煮物2-13
HT99A（1.6ℓ）	自動 ➡ 煮物1-20

ワンポイント 合いびき肉は豚ひき肉に替えてもおいしく作れます。水の半量をトマトジュースにすれば、より深みのある味わいになります。

シーフードのトマトリゾット

マッシュルームの薄切り、ベーコンを足しても◎。

鍋に入れるまで 3分

材料 4人分

白米…1合
冷凍シーフードミックス…200g
玉ねぎ…¼個
トマト…3個

A
- オリーブ油…大さじ2
- 白ワイン（または酒）…大さじ1
- にんにく（すりおろし）…小さじ1
- 固形コンソメスープの素…1個
- 塩…少々
- 水…1カップ

作り方

1 白米は洗って水けをきり、内鍋に入れる。
2 玉ねぎはみじん切り、トマトはざく切りにする。
3 1に2、凍ったままのシーフードミックスの順に加える。Aを全体にかけ、**まぜ技ユニット**をセットする。

スイッチON
HW16F/HW16E
自動調理メニュー➡カテゴリー➡煮物➡米➡「トマトリゾット」（20分）で加熱する。
- 器に盛り、お好みでパセリのみじん切りをちらす。

HT24B（2.4ℓ）	手動➡煮物2-1（5分）
HT99B／HT16E（1.6ℓ）	手動➡煮物2-1（5分）
HT99A（1.6ℓ）	手動➡煮物1-1（4〜6分）

アスパラとしらすのリゾット

しらすは後入れして風味を残すのがコツ！

鍋に入れるまで 3分

材料 4人分

白米…1合
アスパラガス…4本
しらす…40g
玉ねぎ…¼個

A
- オリーブ油、白ワイン（または酒）…各大さじ1
- にんにく（すりおろし）…小さじ1
- 固形コンソメスープの素…1個
- 塩…少々
- 水…2½カップ

粉チーズ、粗びき黒こしょう、オリーブ油…各適量

作り方

1 白米は洗って水けをきり、内鍋に入れる。
2 玉ねぎはみじん切り、アスパラガスは根元の固い皮をピーラーでむき、1cm幅の斜め切りにする。
3 1に2を加える。Aを全体にかけ、**まぜ技ユニット**をセットする。

HW16F/HW16E
自動調理メニュー➡カテゴリー➡煮物➡米➡「トマトリゾット」（20分）で加熱する。
- 加熱終了後、しらすを混ぜる。器に盛り、粉チーズ、粗びき黒こしょうをふり、オリーブ油をまわしかける。

HT24B（2.4ℓ）	手動➡煮物2-1（5分）
HT99B／HT16E（1.6ℓ）	手動➡煮物2-1（5分）
HT99A（1.6ℓ）	手動➡煮物1-1（4〜6分）

ジャーマンポテト

ベーコンのうまみを吸ったじゃがいもはホクホクの仕上がり！ 家族みんなで楽しめます♫

材料 4人分

じゃがいも… 3個
スライスベーコン… 2枚
にんにく… 1かけ
A ［オリーブ油… 大さじ1½
　 ［塩… 小さじ⅓
塩、粗びき黒こしょう… 各適量

作り方

1 じゃがいもはよく洗って皮のまま8等分のくし形切りにし、水にさっとさらして水けをしっかりときる。ベーコンは1㎝幅に切る。にんにくはみじん切りにする。

2 内鍋に1を入れ、Aを全体にかけて混ぜる。

スイッチON HW16F/HW16E
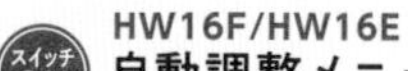
自動調整メニュー ➡ カテゴリー ➡ 煮物 ➡ 魚介 ➡「さばのみそ煮」(20分)で加熱する。

- 加熱終了後、軽く混ぜて塩、粗びき黒こしょうをふる。

HT24B (2.4ℓ)	自動 ➡ 煮物2-10
HT99B／HT16E (1.6ℓ)	自動 ➡ 煮物2-10
HT99A (1.6ℓ)	自動 ➡ 煮物1-9

ゴーヤのツナ炒め

ゴーヤのほどよい苦みにツナのコクがマッチ！

材料 2～3人分

ゴーヤ… 1本
ツナ油漬け缶… 小1缶(75g)
A ごま油、しょうゆ… 各大さじ½
A 砂糖… 小さじ½

作り方

1 ゴーヤは縦半分に切り、スプーンで種とわたを取って5mm厚さに切る。塩もみ適量(分量外)し、洗って水けをしっかりときる。ツナ缶は軽く缶汁をきる。
2 内鍋に1、Aを入れ、**まぜ技ユニット**をセットする。

スイッチON HW16F/HW16E
自動調整メニュー ➡ カテゴリー ➡ 煮物 ➡ 野菜 ➡「小松菜とツナの煮物」(15分)で加熱する。

• お好みでかつお節をかける。

HT24B (2.4ℓ)	自動 ➡ 煮物2-15
HT99B／HT16E (1.6ℓ)	自動 ➡ 煮物2-15
HT99A (1.6ℓ)	手動 ➡ 煮物1-1 (8分)

鍋に入れるまで1分

中華風味玉

卵のとろっとしたやわらかさに感動！漬け汁バリエーションもぜひ試してみて。

材料 作りやすい分量

卵… 6～8個
水… ½カップ
漬け汁
- オイスターソース… 大さじ3
- しょうゆ… 大さじ2
- 水… 大さじ1
- 鶏がらスープの素… 小さじ2

作り方

1 内鍋に水を入れ、冷蔵庫から取り出した卵を静かに入れる。

HW16F/HW16E
自動調整メニュー ➡ カテゴリー ➡ ゆで物 ➡「ゆで卵」(15分) で加熱する。

2 加熱終了後、すぐに冷水で十分冷やしてから殻をむく。ポリ袋にゆで卵、漬け汁の材料を入れ、空気を抜いて口をしばり、冷蔵庫で2時間以上おく。冷蔵で約2日間保存可能。

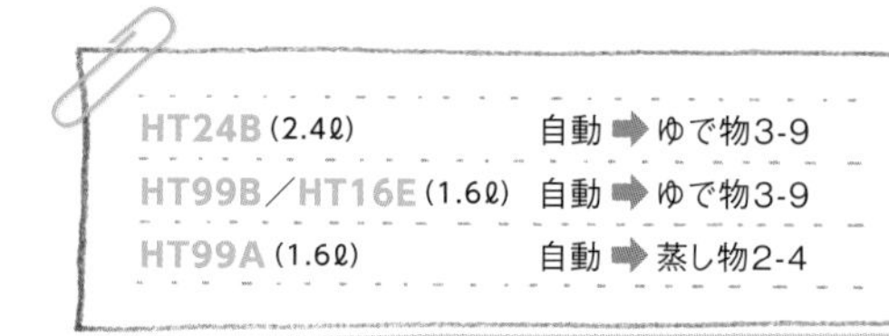

HT24B (2.4ℓ)	自動 ➡ ゆで物3-9
HT99B／HT16E (1.6ℓ)	自動 ➡ ゆで物3-9
HT99A (1.6ℓ)	自動 ➡ 蒸し物2-4

漬け汁のバリエーション3種

★しょうゆ大さじ3 ＋ 黒酢大さじ1
★めんつゆ（2倍濃縮）½カップ
★塩麹大さじ2 ＋ しょうゆ大さじ1

小松菜と油揚げの卵とじ

油揚げでコクうま！ 調味料はめんつゆだけ！

材料 4人分

小松菜…小1把
油揚げ…½枚
めんつゆ（2倍濃縮）…大さじ4
卵…4個

作り方

1 小松菜は4cm長さに切る。油揚げは幅を半分に切ってから8mm幅の細切りにする。卵は溶きほぐす。
2 内鍋に小松菜、油揚げ、めんつゆを入れる。
※ステンレス鍋の場合は材料を入れる前に油（分量外）を塗る。

HW16F/HW16E
手動 ➡ 煮物を作る ➡ まぜない（3分）で加熱する。

3 加熱終了後、全体を混ぜて溶き卵をまわし入れ、加熱延長(6分)で火を通す。お好みの固さになるまでふたをして3分蒸らす。

HT24B (2.4ℓ)	手動 ➡ 煮物2-2 ➡ 3分
HT99B／HT16E (1.6ℓ)	手動 ➡ 煮物2-2 ➡ 3分
HT99A (1.6ℓ)	手動 ➡ 煮物1-2 ➡ 3分

揚げ出し豆腐風煮

油でわざわざ揚げなくてもできちゃう！

材料 4人分

厚揚げ…400g
A
- めんつゆ（2倍濃縮）…⅓カップ
- 大根おろし…½カップ
- しょうが（すりおろし）…小さじ½

小ねぎの小口切り…適量

作り方

1 厚揚げは5〜6cm角に切る。
2 内鍋に1、Aを入れる。

スイッチON HW16F/HW16E
手動 ➡ 煮物を作る ➡ まぜない（3分）で加熱する。

● 器に盛り、小ねぎをちらす。

HT24B (2.4ℓ)	手動 ➡ 煮物2-2 ➡ 3分
HT99B／HT16E (1.6ℓ)	手動 ➡ 煮物2-2 ➡ 3分
HT99A (1.6ℓ)	手動 ➡ 煮物1-2 ➡ 3分

鍋に入れるまで 3分

きのこのガーリックソテー

水っぽくならず、きのこにしっかり味が入ります。おつまみにもぴったり！

材料 4人分

マッシュルーム… 5〜6個
しめじ… 1パック
まいたけ… 1パック
エリンギ… 2本
（きのこはお好みのものを計400g）
にんにく… 1かけ
A
- 塩… 小さじ1/3〜1/2
- オリーブ油… 大さじ1
- 粗びき黒こしょう… 適量

作り方

1 きのこ類は石づきを取り、食べやすい大きさに切るかほぐす。にんにくはみじん切りにする。
2 内鍋に1、Aを入れ、**まぜ技ユニット**をセットする。

スイッチON HW16F/HW16E
自動調整メニュー➡カテゴリー➡煮物➡肉➡「回鍋肉」(20分)で加熱する。

HT24B (2.4ℓ)	自動➡煮物2-13
HT99B／HT16E (1.6ℓ)	自動➡煮物2-13
HT99A (1.6ℓ)	自動➡煮物1-20

アスパラとベーコンのバター蒸し

鍋に入れるまで 3分

色鮮やかでシャキッとした歯ごたえもキープ。

材料（4人分）

アスパラガス… 8本

スライスベーコン… 2枚

A
- バター… 8g
- 塩、粗びき黒こしょう… 各少々
- 酒… 大さじ2

作り方

1. アスパラガスは下の⅓の皮をピーラーでむき、長さを3〜4等分に切る。ベーコンは2cm幅に切る。
2. 内鍋に1、Aを入れ、**まぜ技ユニット**をセットする。

スイッチON HW16F/HW16E
自動調整メニュー ➡ カテゴリー ➡ 煮物 ➡ 野菜 ➡「パプリカとズッキーニのあえ物」(15分)で加熱する。

HT24B (2.4ℓ)	自動 ➡ 煮物2-15
HT99B／HT16E (1.6ℓ)	自動 ➡ 煮煮物2-15
HT99A (1.6ℓ)	手動 ➡ 煮物1-2 (8分)

かぶの中華風煮物

鍋に入れるまで 3分

煮崩れしないちょうどよいやわらかさ♡

材料（4人分）

かぶ… 4〜6個

かに風味かまぼこ… 4本

片栗粉… 大さじ1

A
- 酒… 大さじ2
- 鶏ガラスープの素… 小さじ2
- しょうゆ… 小さじ1
- しょうが（すりおろし）… 小さじ½
- 水… ¾カップ

作り方

1. かぶは皮をむき、実は2〜4等分に切り、片栗粉をまぶす。葉は4cm長さに切る。かに風味かまぼこは手でほぐす。
2. 内鍋に1、Aを入れ、**まぜ技ユニット**をセットする。

スイッチON HW16F/HW16E
自動調整メニュー ➡ カテゴリー ➡ 煮物 ➡ 野菜 ➡「小松菜とツナの煮物」(15分)で加熱する。

HT24B (2.4ℓ)	自動 ➡ 煮物2-15
HT99B／HT16E (1.6ℓ)	自動 ➡ 煮煮物2-15
HT99A (1.6ℓ)	手動 ➡ 煮物1-1 (8分)

煮崩れかぼちゃのクリームスープ

かぼちゃのやさしい甘みが際立つほっこりスープ。パンを浸してもおいしい！

材料 4人分

かぼちゃ… ¼個（正味250g）
玉ねぎ… ¼個
にんじん… ½本
スライスベーコン… 2枚
薄力粉… 大さじ2
A
- バター（小さめに切る）… 20g
- 固形コンソメスープの素… 1個
- 塩、こしょう… 各少々
- 水… 1カップ

牛乳… 1カップ

作り方

1. かぼちゃは種とわたを取り、4cm角に切る。玉ねぎは薄切り、にんじんは8mm厚さの輪切りにする。ベーコンは2cm幅に切る。すべてポリ袋に入れ、薄力粉を全体にまぶす。
2. 内鍋に袋から取り出した具材、Aを入れ、**まぜ技ユニット**をセットする。

スイッチON HW16F/HW16E
自動調理メニュー ➡ カテゴリー ➡ カレー・シチュー ➡「クリームシチュー」（45分）で加熱する。

3. 途中、報知音が鳴ったら、ふたを開け、やけどに気をつけて牛乳を加える。ふたを閉めて再度、加熱する。
4. 器に盛り、お好みで粗びき黒こしょうをふる。

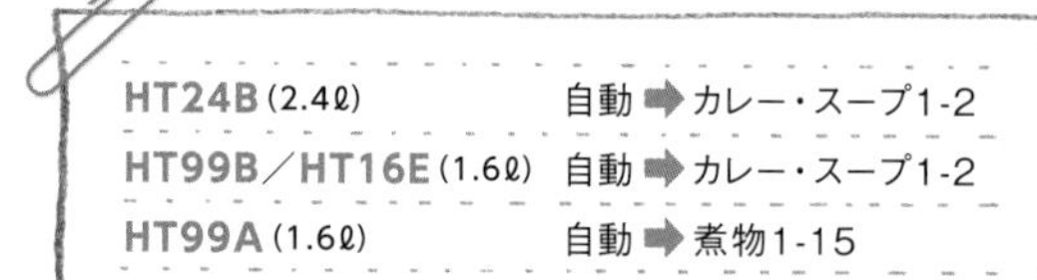

HT24B（2.4ℓ）	自動 ➡ カレー・スープ1-2
HT99B／HT16E（1.6ℓ）	自動 ➡ カレー・スープ1-2
HT99A（1.6ℓ）	自動 ➡ 煮物1-15

ワンポイント 生のかぼちゃの代わりにお手軽な冷凍かぼちゃを使ってもOK！

けんちん汁

鍋に具材を一度に入れて煮込んでもホットクックなら絶妙な火の通り具合に！

材料 （4人分）

にんじん… ½本
大根… 約4㎝（120g）
しいたけ… 4枚
里いも… 4個
豆腐（木綿、絹ごしどちらでもOK）
…200g

A
- だし汁… 3カップ
- しょうゆ… 大さじ1弱
- しょうが（すりおろし）… 小さじ1

小ねぎ（小口切り）… 適量

作り方

1. にんじん、大根はいちょう切りにする。しいたけは石づきを取り、薄切りにする。里いもは皮をむいて5㎜厚さの輪切りまたは半月切りにする。
2. 内鍋に1、A、手で軽く崩した豆腐を入れ、**まぜ技ユニット**をセットする。

HW16F/HW16E
自動調理メニュー➡カテゴリー➡スープ➡「けんちん汁」（25分）で加熱する。

- 器に盛り、小ねぎをちらす。

HT24B（2.4ℓ）	自動➡カレー・スープ1-5
HT99B／HT16E（1.6ℓ）	自動➡カレー・スープ1-5
HT99A（1.6ℓ）	手動➡煮物1-1（まぜる）20分

ピーラーごぼうの豚汁

鍋に入れるまで 4分

ごぼうは薄く切ってうまみを引き出します。

材料 4人分

ごぼう…1本
長ねぎ…½本
豚バラ薄切り肉…120g

A
- だし汁…3カップ
- しょうが（すりおろし）…小さじ1
- みそ…大さじ2½〜3

作り方

1 ごぼうは皮をこそげ、ピーラーで5〜6cm長さに薄く切る。長ねぎは斜め薄切り、豚肉は4cm長さに切る。

2 内鍋に1、Aを入れ、**まぜ技ユニット**をセットする。

スイッチON HW16F/HW16E
自動調理メニュー ➡ カテゴリー ➡ スープ ➡「具だくさんみそ汁」（25分）で加熱する。

- 器に盛り、お好みで七味唐辛子をふる。
- みそはスイッチが切れてから加えてもOK!

HT24B（2.4ℓ）	自動 ➡ カレー・スープ1-5
HT99B／HT16E（1.6ℓ）	自動 ➡ カレー・スープ1-5
HT99A（1.6ℓ）	手動 ➡ 煮物1-1（まぜる）20分

セロリと桜えびの豆乳スープ

鍋に入れるまで 2分

さわやかなセロリに桜えびの風味がよく合います。

材料 4人分

セロリ…1本
桜えび（乾燥）…5g

A
- オイスターソース…大さじ1
- 鶏ガラスープの素…大さじ½
- ごま油…小さじ1
- しょうが（すりおろし）…小さじ1
- こしょう…少々
- 水、無調整豆乳…各1カップ

作り方

1 セロリは筋を取り、茎はせん切り、葉はざく切りにする。

2 内鍋に1、桜えび、Aを入れ、**まぜ技ユニット**をセットする。

スイッチON HW16F/HW16E
自動調理メニュー ➡ カテゴリー ➡ スープ ➡「野菜スープ」（25分）で加熱する。

- 器に盛り、お好みでラー油をたらす。

HT24B（2.4ℓ）	自動 ➡ カレー・スープ1-5
HT99B／HT16E（1.6ℓ）	自動 ➡ カレー・スープ1-5
HT99A（1.6ℓ）	手動 ➡ 煮物1-1（まぜる）20分

ウインナーのトマトクリームスープ

鍋に入れるまで 4分

生クリームを加えて子どもも食べやすい味に。

材料 4人分

トマト…3個
玉ねぎ…½個
ウインナーソーセージ…4本

A
- バター…10g
- 固形コンソメスープの素…1個
- 水…¼カップ
- 生クリーム(または牛乳)…大さじ2½
- 塩、こしょう…各少々

作り方

1 トマトはざく切り、玉ねぎは薄切りにする。ウインナーソーセージは1cm幅の輪切りにする。

2 内鍋に1、Aを入れ、**まぜ技ユニット**をセットする。

HW16F/HW16E
自動調理メニュー ➡ カテゴリー ➡ スープ ➡「野菜スープ」(25分)で加熱する。

- 器に盛り、お好みでパセリのみじん切りをふる。

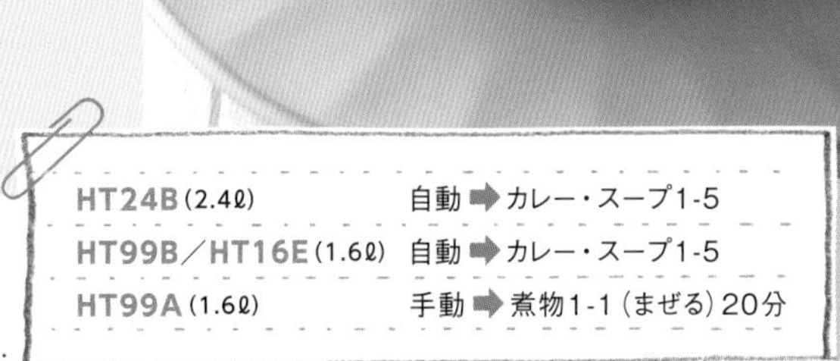

HT24B(2.4ℓ)	自動 ➡ カレー・スープ1-5
HT99B/HT16E(1.6ℓ)	自動 ➡ カレー・スープ1-5
HT99A(1.6ℓ)	手動 ➡ 煮物1-1(まぜる)20分

玉ねぎのオニグラ風スープ

鍋に入れるまで 3分

深いコクにうっとり！溶けるチーズはたっぷりのせて！

材料 4人分

玉ねぎ…2個

A
- バター…10g
- 固形コンソメスープの素…1個
- 塩、こしょう…各少々
- 水…2カップ

溶けるチーズ、粗びき黒こしょう…各適量

作り方

1 玉ねぎは薄切りにする。

2 内鍋に1、Aを入れ、**まぜ技ユニット**をセットする。

HW16F/HW16E
自動調理メニュー ➡ カテゴリー ➡ スープ ➡「野菜スープ」(25分)で加熱する。

- 器に盛り、熱いうちに溶けるチーズをのせ、粗びき黒こしょうをふる。

HT24B(2.4ℓ)	手動 ➡ カレー・スープ1-5
HT99B/HT16E(1.6ℓ)	手動 ➡ カレー・スープ1-5
HT99A(1.6ℓ)	手動 ➡ 煮物1-1(まぜる)20分

ワンポイント 玉ねぎをよりやわらかくしたいときは、20分加熱延長をしてください。

ブロッコリーとアボカドのクリームスープ

薄力粉を具材にまぶしてとろみを出します。

鍋に入れるまで 3分

材料 4人分

ブロッコリー…1株（200g）
アボカド…1個
薄力粉…大さじ2

A
- バター…10g
- 固形コンソメスープの素…1個
- 水…¾カップ
- 牛乳…1カップ
- 塩、こしょう…各少々

作り方

1 ブロッコリーは小房に分ける。アボカドは種と皮を取り、1.5㎝角に切る。すべてポリ袋に入れ、薄力粉をまぶす。
2 内鍋に袋から取り出した具材、Aを入れ、**まぜ技ユニット**をセットする。

スイッチON HW16F/HW16E
自動調理メニュー➡カテゴリー➡スープ➡「野菜スープ」（25分）で加熱する。

HT24B（2.4ℓ）	自動➡カレー・スープ1-5
HT99B／HT16E（1.6ℓ）	自動➡カレー・スープ1-5
HT99A（1.6ℓ）	手動➡煮物1-1（まぜる）20分

にんじんと溶けるチーズのスープ

薄切りじゃがいもを加えてボリュームアップしても。

鍋に入れるまで 4分

材料 4人分

にんじん…1½本

A
- 水…3カップ
- 固形コンソメスープの素…1個
- 塩、こしょう…各少々

溶けるチーズ、粗びき黒こしょう…各適量

作り方

1 にんじんはせん切りにする。
2 内鍋に1、Aを入れ、**まぜ技ユニット**をセットする。

スイッチON HW16F/HW16E
自動調理メニュー➡カテゴリー➡スープ➡「野菜スープ」（25分）で加熱する。

- 器に盛り、熱いうちに溶けるチーズをのせ、粗びき黒こしょうをふる。

HT24B（2.4ℓ）	自動➡カレー・スープ1-5
HT99B／HT16E（1.6ℓ）	自動➡カレー・スープ1-5
HT99A（1.6ℓ）	手動➡煮物1-1（まぜる）20分

part 3

型いらず！混ぜるだけ！

ホットケーキミックスでかんたんおやつ

ほうれん草とベーコンのケークサレ、
もちもちミニ肉まんの**しょっぱい系**から、
ガトーショコラ、りんごのケーキなど**甘い系**まで
ホットケーキミックスで作れる
かんたんおやつをご紹介。
ホットクックで調理するので、
型がいらず、混ぜるだけ、
そして面倒な**温度調整もいっさい不要！**
おやつ作りが苦手な方でも失敗なく、
見栄えもバッチリに作れます。

ほうれん草とベーコンのケークサレ

フランス生まれのおかずケーキ！おやつはもちろん、ワインのお供にもおすすめです。

材料（内鍋1個分）

ホットケーキミックス…150g
ほうれん草…1株
パプリカ（赤）…¼個
スライスベーコン…2枚

A
- 卵（室温にもどす）…2個
- 牛乳…大さじ3
- バター…30g
- 粉チーズ…大さじ2
- 塩…ひとつまみ

ワンポイント●ホットケーキミックスのこと

ホットケーキミックスは入れたら混ぜすぎないよう、さっくりと粉が消えるまで混ぜます。またよりふっくら作りたいときは、ふるいで一度ふるってから加えてください。
P85以外のおやつはお好みの大きさに切ってラップに包み、チャック付き保存袋に入れて冷凍で2週間保存できます。

下準備

- 内鍋にバター（分量外）を厚めに塗る。ステンレス鍋の場合、くっつかないタイプのアルミホイルを敷く。
- 耐熱容器にAのバターを入れ、ラップをかけずに電子レンジ（600W）で約30秒加熱して溶かす。

作り方

1. ほうれん草はラップに包み、電子レンジ（600W）で30秒加熱する。水にさらして水けを絞り、2cm長さに切る。パプリカはへたと種を取って細切り、ベーコンは1cm幅に切る。
2. ボウルにAを順に入れ、その都度泡立て器で混ぜ合わせ、ホットケーキミックス、1の順に加えてゴムべらで混ぜる。
3. 下準備した内鍋に2を流し込む。

スイッチON
HW16F/HW16E
自動調理メニュー➡カテゴリー➡お菓子➡「スポンジケーキ」（45分）で加熱する。

HT24B（2.4ℓ）	自動➡お菓子7-1
HT99B／HT16E（1.6ℓ）	自動➡お菓子7-1
HT99A（1.6ℓ）	自動➡お菓子6-1

ワンポイント●ゆでたブロッコリーやウインナーなど、具材を替えてもOK。

もちもちミニ肉まん

ジュワッと肉汁あふれる肉まん！ 蒸し上がった後、うちわであおぐと表面につやが出ます。

材料 4個分

A
- ホットケーキミックス…150g
- 塩…ひとつまみ
- サラダ油…大さじ½

湯…70～80mℓ

薄力粉…適量

B
- 豚ひき肉…100g
- 長ねぎ（みじん切り）…¼本
- 片栗粉、しょうゆ、オイスターソース…各小さじ1
- しょうが（すりおろし）…小さじ½
- 塩…ひとつまみ

作り方

1. ボウルにAを入れて混ぜ、湯を少しずつ加えてゴムべらで混ぜる。ひとまとまりになってきたら、手に薄力粉をつけて両手で練り合わせる。
2. 1につやが出てきたらひとまとめにし、そのままボウルに入れてラップをかけ、約15分寝かせる。薄力粉をふった台の上におき、粉をつけた包丁かナイフで4等分に切り、それぞれ丸くまとめる。
3. 別のボウルにBを入れて練り合わせ、4等分にして丸くする。2を手で押さえて平たくし、肉だねを上にのせて端をつまむようにして包む。肉まんの大きさに合わせて切ったオーブンシートの上にのせる。
4. 内鍋に水1カップ（分量外）を入れて **蒸しトレイ** または **蒸し板** をセットし、3をのせる。

スイッチON HW16F/HW16E
手動 ➡ 蒸す ➡ 10分で加熱する。

HT24B (2.4ℓ)	手動 ➡ 蒸し物4 ➡ 10分
HT99B／HT16E (1.6ℓ)	手動 ➡ 蒸し物4 ➡ 10分
HT99A (1.6ℓ)	手動 ➡ 蒸し物2 ➡ 10分

ワンポイント 蒸しトレイを使う場合、成形後生地を軽くつぶして高さを低めにし、ふくらんでも蒸気口をふさがない場所に並べてください。

ガトーショコラ

ホットケーキミックスで作ったとは思えないほど、口どけなめらかで絶品！

材料 内鍋1個分

ホットケーキミックス…150g
バター…100g
板チョコ（ブラック）…2枚（100g）
卵（室温にもどす）…2個
砂糖…60g
生クリーム…大さじ2
ココア（ブラック）…大さじ2（15g）

下準備

- 内鍋にバター（分量外）を厚めに塗る。ステンレス鍋の場合、くっつかないタイプのアルミホイルを敷く。

作り方

1. バターは2cm角に切り、板チョコは手で割る。ともに耐熱容器に入れてラップをかけずに電子レンジ（600W）で60〜90秒加熱し、溶かしてよく混ぜる。
2. ボウルに卵を割り入れて泡立て器でよく混ぜ、砂糖、生クリーム、ココアの順に混ぜる。ホットケーキミックスを加えて練らないように手早く混ぜ、1も加えて混ぜる。
3. 下準備した内鍋に2を流し込む。

スイッチON HW16F/HW16E
自動調理メニュー➡カテゴリー➡お菓子➡「スポンジケーキ」（45分）で加熱する。

- 取り出して金網にのせてふんわりとラップをかけ、そのまま冷ます。食べやすい大きさに切り分けて器に盛り、お好みで粉砂糖をかけ、ホイップクリームを添える。

HT24B（2.4ℓ）	自動➡お菓子7-1
HT99B／HT16E（1.6ℓ）	自動➡お菓子7-1
HT99A（1.6ℓ）	自動➡お菓子6-1

ワンポイント ココアは「純ココア」「ブラックココア」などと書いてある、砂糖やミルクが入っていないものを使ってください。

スコーン風ソフトビスケット

生地をこねすぎないようにすると底側はサクッと、上はふんわり仕上がります。

材料 内鍋1個分

ホットケーキミックス… 150g
塩… 少々
バター… 30g
プレーンヨーグルト… 大さじ3

下準備

- 内鍋にバター(分量外)を厚めに塗る。ステンレス鍋の場合、くっつかないタイプのアルミホイルを敷く。
- バターは1cm角に切り、冷蔵庫で冷やしておく。

作り方

1. ボウルにホットケーキミックス、塩を入れて混ぜる。バターを加えて指でつぶしながら粉に練り込むようにして、パン粉状になるまで混ぜる。
2. 1にプレーンヨーグルトを加え、ナイフで切るようにして混ぜたら手でひとまとめにし、折りたたむようにして生地が均一になるまでこねすぎないように混ぜる。
3. 2をもう一度ひとまとめにして、高さ2cm程度の円形に丸めてから、6等分の放射状に切り分ける。
4. 下準備した内鍋に3を1切れずつ、少し間隔をあけて並べ入れる。

スイッチON
HW16F/HW16E
自動調理メニュー➡カテゴリー➡お菓子➡「ブラウニー」(40分)で加熱する。

- 切り込みにそって切り離し、金網にのせて冷ます。
- お好みでクロテッドクリーム、ジャムなどをつけて食べる。

HT24B (2.4ℓ)	自動➡お菓子7-2
HT99B/HT16E (1.6ℓ)	自動➡お菓子7-2
HT99A (1.6ℓ)	自動➡お菓子6-2

チョコバナナ蒸しパン

相性抜群のチョコとバナナがたっぷり！バナナは完熟したものがおすすめ！

材料 内鍋1個分

ホットケーキミックス… 150g
バナナ… 小2本
レモン汁… 小さじ1
板チョコ… 2枚

A
- 砂糖… 大さじ3
- 卵（室温にもどす）… 2個
- 牛乳… 大さじ3
- サラダ油… 大さじ2

下準備

- 内鍋にバター（分量外）を厚めに塗る。ステンレス鍋の場合、くっつかないタイプのアルミホイルを敷く。

作り方

1. バナナは5mm幅の輪切りにし、レモン汁をまぶす。板チョコは手で小さく割る。
2. ボウルにAを順に入れて泡立て器で混ぜ、ホットケーキミックスも加えてゴムべらで練らないように手早く混ぜる。1のバナナの半量、板チョコのすべてを加えて軽く混ぜる。
3. 下準備した内鍋に2を流し込み、残りのバナナを上に並べる。

スイッチON HW16F/HW16E
自動調理メニュー ➡ カテゴリー ➡ お菓子 ➡「スポンジケーキ」（45分）で加熱する。

HT24B（2.4ℓ）	自動 ➡ お菓子7-1
HT99B／HT16E（1.6ℓ）	自動 ➡ お菓子7-1
HT99A（1.6ℓ）	自動 ➡ お菓子6-1

ワンポイント 板チョコの代わりにくるみを加えてもおいしい！

ブルーベリーのヨーグルトケーキ

甘酸っぱくてさわやかなケーキ！朝食やランチにもぴったりです。

材料 内鍋1個分

ホットケーキミックス… 150g
冷凍ブルーベリー… ½カップ（60g）
バター（室温にもどす）… 50g
砂糖… 50g
卵（室温にもどす）… 2個
プレーンヨーグルト… 大さじ4

下準備

- 内鍋にバター（分量外）を厚めに塗る。ステンレス鍋の場合、くっつかないタイプのアルミホイルを敷く。

作り方

1. ボウルにバターを入れて泡立て器でよく練り、砂糖を加えてすり混ぜる。卵を1個ずつ加えてよく混ぜ、プレーンヨーグルトも混ぜる。
2. 1にホットケーキミックスを加えてゴムべらで練らないように手早く混ぜ、冷凍ブルーベリーを加えて軽く混ぜる。
3. 下準備した内鍋に2を流し込む。

スイッチON
HW16F/HW16E
自動調理メニュー ➡ カテゴリー ➡ お菓子 ➡「スポンジケーキ」（45分）で加熱する。

- 食べやすい大きさに切り分け、お好みでホイップクリームをのせる。

HT24B（2.4ℓ）	自動 ➡ お菓子7-1
HT99B／HT16E（1.6ℓ）	自動 ➡ お菓子7-1
HT99A（1.6ℓ）	自動 ➡ お菓子6-1

失敗しないコツ
冷凍ブルーベリーは解凍すると水分が出てつぶれてしまうので凍ったまま加えます。

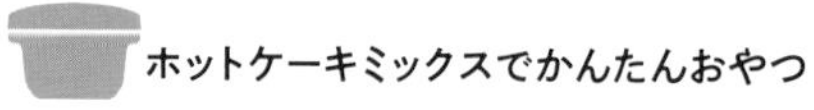

りんごのケーキ

りんごの酸味とホットケーキミックスのやさしい甘さがバランスよく溶け合っています。

材料 内鍋1個分

ホットケーキミックス…150g
りんご…½個
レモン汁…大さじ1
バター（室温にもどす）…50g
砂糖…50g
卵（室温にもどす）…2個

下準備

- 内鍋にバター（分量外）を厚めに塗る。ステンレス鍋の場合、くっつかないタイプのアルミホイルを敷く。

作り方

1. りんごは皮をむき、くし形切りにしてから8㎜幅に切り、レモン汁をかける。
2. ボウルにバターを入れて泡立て器でよく練り、砂糖を加えてすり混ぜる。卵を1個ずつ加えてよく混ぜる。ホットケーキミックスを加えてゴムべらで練らないように手早く混ぜ、1のりんごをレモン汁ごと加えて軽く混ぜる。
3. 下準備した内鍋に2を流し込む。

HW16F/HW16E
自動調理メニュー➡カテゴリー➡お菓子➡「スポンジケーキ」（45分）で加熱する。

- 竹串を刺してみて、少し生地がドロッとやわらかい場合は加熱延長（5～10分）で火を通す。
- お好みで粉砂糖をふり、ミントを飾る。

HT24B（2.4ℓ）	自動➡お菓子7-1
HT99B／HT16E（1.6ℓ）	自動➡お菓子7-1
HT99A（1.6ℓ）	自動➡お菓子6-1

ココナッツパイナップルケーキ

お手軽なパイナップル缶で作れるトロピカルなケーキです。

材料 内鍋1個分

ホットケーキミックス… 150g
パイナップル缶（輪切り・汁けをふく）… 6枚
ココナッツ（ファインまたはロング）… 15g
バター（室温にもどす）… 50g
砂糖… 50g
卵（室温にもどす）… 2個
牛乳… 大さじ1½

下準備

- 内鍋にバター（分量外）を厚めに塗る。ステンレス鍋の場合、くっつかないタイプのアルミホイルを敷く。

作り方

1. パイナップルの2枚分は2cm長さに切る。
2. ボウルにバターを入れて泡立て器でよく練り、砂糖を加えてすり混ぜる。卵を1個ずつ加えてよく混ぜ、牛乳、ココナッツ、1も加えて混ぜる。ホットケーキミックスも加えてゴムべらで練らないように手早く混ぜる。
3. 下準備した内鍋に残りのパイナップルを中心に1枚、余りは半分に切って並べ、2を流し込む。

スイッチON
HW16F/HW16E
自動調理メニュー ➡ カテゴリー ➡ お菓子 ➡「スポンジケーキ」（45分）で加熱する。

HT24B（2.4ℓ）	自動 ➡ お菓子7-1
HT99B／HT16E（1.6ℓ）	自動 ➡ お菓子7-1
HT99A（1.6ℓ）	自動 ➡ お菓子6-1

ダブルチーズ蒸しパン

材料を混ぜたら鍋に入れてスイッチオン！

材料 内鍋1個分

A
- 卵（室温にもどす）…1個
- 牛乳…½カップ
- 砂糖…大さじ2
- サラダ油…大さじ1
- 粉チーズ…大さじ4
- ホットケーキミックス…150g

溶けるチーズ…30g

下準備

- 内鍋にバター（分量外）を厚めに塗る。ステンレス鍋の場合、くっつかないタイプのアルミホイルを敷く。

作り方

1. ボウルにAの材料を上から順に入れ、その都度泡立て器で混ぜる。
2. 下準備した内鍋に1の半量を流し込み、溶けるチーズを真ん中にのせ、残りの1を流し込む。

HW16F/HW16E
自動調理メニュー➡カテゴリー➡お菓子➡「スポンジケーキ」（45分）で加熱する。

HT24B（2.4ℓ）	自動➡お菓子7-1
HT99B／HT16E（1.6ℓ）	自動➡お菓子7-1
HT99A（1.6ℓ）	自動➡お菓子6-1

黒糖レーズン蒸しケーキ

レーズンの代わりにゆであずきでも作れます。

材料 内鍋1個分

- ホットケーキミックス…150g
- バター（室温にもどす）…60g
- 黒糖…大さじ4
- 卵（室温にもどす）…2個
- 牛乳…大さじ3
- レーズン…30g
- レーズン（飾り用）…適量

下準備

- 内鍋にバター（分量外）を厚めに塗る。ステンレス鍋の場合、くっつかないタイプのアルミホイルを敷く。

作り方

1. ボウルにバターを入れて泡立て器でよく練り、黒糖を加えてすり混ぜる。
2. 1に卵を1個ずつ加えてよく混ぜ、牛乳、レーズンの順に加えて混ぜ、ホットケーキミックスも加えてゴムべらで練らないように手早く混ぜる。
3. 下準備した内鍋に2を流し込み、上に飾り用のレーズンをちらす。

HW16F/HW16E
自動調理メニュー➡カテゴリー➡お菓子➡「スポンジケーキ」（45分）で加熱する。

HT24B（2.4ℓ）	自動➡お菓子7-1
HT99B／HT16E（1.6ℓ）	自動➡お菓子7-1
HT99A（1.6ℓ）	自動➡お菓子6-1

ワンポイント 黒糖の粒が粗いときはざるなどでこしてから使います。

index【素材別さくいん】

肉・肉加工品

魚介・魚介加工品・海藻

野菜・野菜加工品・漬物・果物

阪下千恵
Chie Sakashita

料理研究家・栄養士。大手外食企業、食品宅配会社を経て独立。子育ての経験を活かした、作りやすくて栄養バランスのよい料理が好評を博し、現在、NHK「あさイチ」などのメディア出演をはじめ、書籍、雑誌、企業販促用のレシピ開発、食育講演会講師など多岐にわたり活躍中。著書に『毎日のホットクックレシピ』『ひとりで作って、みんなで食べよ！はじめてのごはん』『楽しく作って、おいしく食べよ！だいすき♡おやつ』『おとなのごはんと一緒に作れる 子どものお弁当』(いずれも日東書院本社)、『決定版 朝つめるだけ！作りおきのやせる！お弁当389』『おいしすぎてほめられる！料理のきほんLesson』『はじめてママもこれならできる！園児のかわいいおべんとう』(いずれも新星出版社)、『一生使える！野菜のおかず事典300』『作りおき×すぐできおかず400品』(いずれも学研プラス)、『友チョコもあこがれスイーツも! はじめてのお菓子レッスンBOOK』(朝日新聞出版)、『キッチンがたった1日で劇的に片づく本』(主婦と生活社)など多数。夫、2004年、2009年生まれの2人の女の子との4人家族。

YOUTUBEチャンネル『**MIKATA KITCHEN**』公開中
https://www.youtube.com/channel/UC3U7ukQOVvoBAgVVuGLqAIQ

忙しい人の
ホットクックレシピ

2020年9月5日　初版第1刷発行
2024年7月5日　初版第7刷発行

著者　阪下千恵
発行者　廣瀬和二
発行所　株式会社日東書院本社
〒113-0033　東京都文京区本郷1-33-13　春日町ビル5F
TEL：03-5931-5930（代表）
FAX：03-6386-3087（販売部）
http://www.tg-net.co.jp/
印刷所　三共グラフィック株式会社
製本所　株式会社ブックアート

企画・進行　鏑木香緒里
アートディレクション・デザイン　成田由弥（moca graphics*）
撮影　松島均
スタイリング　鈴木亜希子
調理アシスタント　宮田澄香　岩間明子
校正　高柳涼子
構成・編集　倉橋利江

撮影協力　UTUWA

協力　シャープ株式会社
〒590-8522　大阪府堺市堺区匠町1番地
お客様相談窓口 0120-078-178
http://jp.sharp/

【読者の皆様へ】
本書の内容に関するお問い合わせは、
お手紙またはメール：info@TG-NET.co.jp にて承ります。
恐縮ですが、お電話でのお問い合わせはご遠慮ください。

©Chie Sakashita 2020, Printed in Japan　ISBN978-4-528-02303-1 C2077